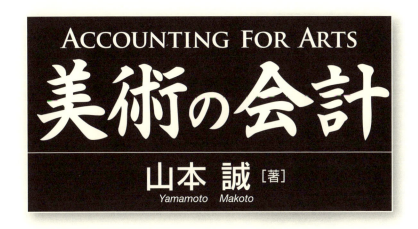

中央経済社

はじめに

　美術とか芸術は，その性質上，数値的分析には馴染まないイメージが強い。しかし，美術活動や芸術活動から生み出される一連の作品はそのほとんどが有償の形で流通していき，受け手になにがしかの効用をもたらすことを考えれば，それらの作品は商品という経済財の性格を有している。

　このような事情を，ウィリアム D. グランプ氏（William D. Grampp）も『名画の経済学：美術市場を支配する経済原理』（藤島泰輔訳，ダイヤモンド社，1991年，74頁）の中で「絵画が資本財であろうと消費財であろうと，効用を生み出す財であることに変わりはない。誰かが，それによって満足を得る。だから価値がある。」と指摘している。

　また，それらの作品を収集，展示する美術館は美術活動や芸術活動の主要な一翼を担っているが，それらの活動を継続させていくためには，館の効率的な維持・運営が必須の要件となる。

　このように，美術や芸術の活動には，美術品という経済財の制作，流通という側面や美術館などの組織の効率的運営という側面などの経済的・経営的な側面が付随している。

　本書では，主にこのような側面に焦点を当て，会計学の視座から内容を掘り下げ，そこに伏在する問題点の解明を行うことにする。本書が，美術に対する会計学的研究を志す研究者や美術分野に興味がある人々に対し，1つの知的ガイダンスとなれば幸いである。

　本書の上梓に際しては，大阪商業大学出版助成制度から助成（2017年度）を受けている。記して，感謝いたしたい。

最後に，本書の上梓をお引き受けいただいた中央経済社山本継社長および編集にご尽力いただいた会計編集部副編集長の田邉一正氏に心から謝意を表したい。

2017年8月

山本　誠

(付記)
　本書の第1章～第3章および第8章については，次の2つの論考をベースに大幅な加筆，修正を行うとともに，新たな論考を追加して執筆している。

　拙稿「美術の会計」『大阪商業大学産業経営研究所紀要』創刊号，1992年1月。
　拙稿「メセナ会計のフレームワーク」『大阪商業大学論集』第112・第113合併号，1999年2月。

目　次

序　章　本書の目的と構成 1

　第1節　本書の目的　1

　第2節　本書の構成　2

第**1**章
美術品の取引過程

　第1節　美術品の流通経路の全体像　6

　　〔1〕　定価方式による場合　7

　　〔2〕　オークション方式による場合　8

　第2節　美術品の流通経路①—画廊などを通じての購入　8

　第3節　美術品の流通経路②—制作者や所有者からの
　　　　　直接購入または展覧会での購入　10

　第4節　美術品の流通経路③—オークションでの購入　14

第**2**章
美術市場の性格

　第1節　美術市場の特質　20

　　〔1〕　近年の構造変化①—富裕層による支配からの解放　20

　　〔2〕　近年の構造変化②—大衆の参加　22

　　〔3〕　近年の構造変化③—投資目的による需要の増大　23

i

第2節　パトロネージュと芸術的自律性のマトリクス　25

第3節　パトロネージュと美術作品の市場性のマトリクス　27

第3章
美術品の評価と鑑定の困難性

第1節　美術品の評価　32

第2節　美術品の鑑定　35

〔1〕鑑定の意義　35

〔2〕芸術性（芸術的価値）の判定　38

第4章
美術品と税

第1節　美術品と減価償却資産　46

第2節　美術品と所得税・法人税　48

第3節　美術品と譲渡所得　49

第4節　美術品と相続税　51

第5節　美術品と固定資産税　53

第6節　美術品と不正取引　55

〔1〕取引金額を実際の金額よりも大きく偽装する場合　55

〔2〕取引金額を実際の金額よりも小さく偽装する場合　58

〔3〕取引そのものの事実を隠蔽する場合　59

〔4〕不正取引を誘発する，美術品に固有の特徴　60

第5章
美術館における経営上の課題

第1節　美術館の財務分析　66

第2節　経営上の課題　70

第3節　経営上の課題への対応策　73

〔1〕対応策の基本的な考え方　73

〔2〕民間企業との共同運営によるメリット・デメリット　76

〔3〕中長期的課題　78

第6章
美術館と命名権

第1節　命名権の意義　84

第2節　命名権の会計処理　85

〔1〕命名権の資産計上　85

〔2〕償却の当否　87

〔3〕売手側における売却代金の会計的認識　88

第3節　無形資産評価における諸仮定　89

第4節　命名権の評価　93

〔1〕コスト評価法　94

〔2〕利益評価法　100

〔3〕マーケット評価法　101

第5節　評価法のまとめ　103

〔1〕各評価法の特徴　103

〔2〕日本における会計制度上の無形資産評価法（現行評価法）105

〔3〕投下原価法および現行評価法における評価上の問題点　111

　　第6節　命名権をめぐる諸課題　114

第7章
企業と文化活動

　　第1節　企業における文化活動の性質　122
　　第2節　企業の文化的責任　124
　　第3節　文化・芸術活動への対応姿勢　127
　　　　〔1〕法的義務論　130
　　　　〔2〕道義的責任論（狭義の社会的責任論）　131
　　　　〔3〕経営政策論　133

第8章
芸術活動とメセナ

　　第1節　文化・芸術活動のパトロネージュ　138
　　　　〔1〕個人によるパトロネージュ　139
　　　　〔2〕企業によるパトロネージュ　141
　　　　〔3〕国および地方自治体によるパトロネージュ　142
　　　　〔4〕仲介機関を通じてのパトロネージュ　142
　　第2節　メセナ図式　144
　　第3節　社会的貢献支出の会計的分析　151
　　　　〔1〕社会的貢献支出の会計的認識　151
　　　　〔2〕社会的貢献支出の効果分析　153

第9章
メセナ支出の会計的管理

第1節　メセナ支出管理のための損益計算書　158

第2節　メセナ支出管理のマトリクス分析　160

終　章　今後の課題　165

第1節　芸術品の経済的価値と芸術的価値の連関について
165

第2節　美術活動の推進に向けて　168

参考文献　171

索　引　175

❖序　章　本書の目的と構成

第1節　本書の目的

　企業の文化戦略が，わが国においては1986（昭和61）年末から1991（平成3）年初頭にかけてのバブル経済の頃から，非常に盛んになった。この誘因にはさまざまなものがあるが，重要なものの1つに企業イメージの向上がある。この意味で，企業の文化戦略は，CI（corporate identity）などと同心円状に位置するものといえるであろう。

　企業の文化戦略の中核的活動の1つには，美術展や工芸展など各種展観への協賛，所蔵美術品の公開，企業美術館の創設などがある。企業による美術品の取得は増加の一途をたどってきたが，それは，投機的誘因からだけではなく，文化戦略などさまざまな誘因からなる複合的作用の結果である。

　美術[1]をめぐる研究は，これまでは，作品論，作家論，系譜論などが主流であり，その学問的背景は，美学，美術史，宗教学，文学などの領域に限定されてきた。しかるに近時，美術品取引の増大に伴って，経済・経営関係の分野で美術を取り上げる議論が増加してきた。しかし，そのほとんどは，どの作品や作家が投資対象として有望かという投資論が多いのが現況である。たしかに，このような議論は，実際の美術品取引においては，投資論や資産選好論として当事者に対し緊要な役割を果たすことになるであろう。

また，国公立美術館や企業美術館などの美術館全般を主要な対象にして，アートをいかに管理し，またアートをいかに市場化（市場浸透化）していくべきかという問題意識から，アート・マネジメント（art management）やアート・マーケティング（art marketing）という比較的新しい学問領域が生まれた。これらの学問領域は，その名称から明らかなように，主に経営学やマーケティングなどの知見を活用して，美術館などを中心軸とするアートの経済的，経営的課題の学問的解明をなすことを目的としている。

　しかし，会計学の視座からアートの領域を考察対象とする議論は，これまでほとんど見られなかった。そこで，本書では，会計学の知見を用いて，少し概念的な視点から美術の財務的側面や経済的側面を照射することにしたい。

　そのことにより，美術および美術を取り巻く諸問題に対する俯瞰的視座が開け，われわれが美術と向き合う際のささやかな一助になると思われるからである。

第2節　本書の構成

　本書の構成は，前半部において，美術品という独特な属性を持つ商品が生み出す市場の特性やそこにおける美術品の取引過程を取り上げる。また，美術品の鑑定面ならびに価値評価面における実施上の困難性を指摘し，そのことが美術品に対する租税上の取扱いにも微妙な影響を及ぼしていることを明らかにする。

　次に，後半部において，美術館の経営上の主要な課題を取り上げるとともに，それらの課題に関連する企業の文化活動やメセナ活動の本質的

序章　本書の目的と構成

役割について考察する。また，メセナ活動の会計的管理について試論的な検討を加えることにする。

◆注―――――――――――

1　美術という用語は，現在では主に絵画，彫刻，工芸などのファインアート（fine arts）を指す意味で使用されている。

　これに対し，アートという用語はさまざまな意味を持っているが，美術に関連して用いるときには，欧米などではファインアートの意味で用いるのが通例である。しかし，日本では，これよりも広義で用いることが多く，グラフィックデザインや衣装デザインなど，デザイン一般をも含めた意味で使用するのが一般的となっている。

　本書では，美術またはアートという用語をファインアートに限定し，そのうち特に絵画に焦点を当てて使用することにする。

第 1 章
美術品の取引過程

第1節　美術品の流通経路の全体像

第2節　美術品の流通経路①─画廊などを通じての購入

第3節　美術品の流通経路②─制作者や所有者からの直接購入または展覧会での購入

第4節　美術品の流通経路③─オークションでの購入

第1節　美術品の流通経路の全体像

　図表1-1は，美術品の流通経路を示した図である。
　美術品が一般顧客や美術館などの美術品の最終需要者に到達するまでの流通経路には，制作者である美術家から最終需要者に美術品が直接移転する直接流通方式と，美術商やオークションなどの仲介機構を経由して美術品が移転していく間接流通方式とがある。
　なお，美術品の流通は，美術市場の構成因子である美術商や顧客などの相互間においても生じる。特に，美術商の集団内部においては，交換会などを通じて組織的な取引が行われている。
　美術品の流通は売買取引が中心であるが，それ以外にも寄贈や遺贈などがある。むしろ，美術品が美術家から美術館に直接移転する場合は，

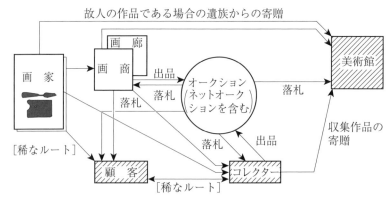

図表1-1　美術品の流通経路

（出所）北原一身監修，金剛寺明著『流通のしくみ』日本実業出版社，1990年，126-127ページから抜粋。
　　　なお，図については〔筆者〕が若干の修正を加えた。

売買取引よりもむしろ寄贈や遺贈が一般的である。なお，美術品取引は，経済学上は単に所有者名義の変更をもたらす財の移転取引とみなされるので，取引価格（ただし，手数料は除く）自体はGDP（国内総生産）には計上されない。

　われわれが美術品を購入しようとする場合，その方法としては次のようなものがある。

（1）　画廊やデパートの美術品コーナーにおいて購入する。
（2）　通信販売やネット販売を通じて購入する。
（3）　制作者から直接に購入する。
（4）　所有者から直接に購入する。
（5）　展覧会やサロンにおいて購入する。
（6）　オークションを通じて購入する。

　一般の顧客にとっては，（3），（4）のような購入態様がとられることは稀であり，通常の購入態様としては（1），（2），（5），（6）のパターンが採用されることになる。

　上記の購入態様は，美術品の価格設定方法からみれば，次の2つのスタイルに分けられる。

〔1〕　定価方式による場合

　美術品を（1），（2）の方法により求める場合には，美術品の価格はすでに最初から所与のものとして与えられている。したがって，売手が原価に一定の利益を付加して定価を設定しているので，買手としては通常はその価格に従って美術品を購入することになる。つまり，ここで

は，買うかどうかの購入決定が取引過程の中心となる[1]。

〔2〕 オークション方式による場合

オークション（auction：競売）では，売手と買手がそれぞれ自己の言い値を出し合った結果，合意に達した価格（落札価格または落値とよばれる）で取引を決することになる。したがって，美術品の取引過程において価格は最初から所与ではないので，価格決定そのものが，購入決定とともに取引過程の中心を占めることになる。

ただし，美術品のオークションでは，売手と買手が直接に相対することは稀であり，取引は，一般に競売業者（auctioneer）やネット業者を介して行われている。この場合，伝統的スタイルの会場でのオークションでは，買手は直接にオークション会場に出向いて入札に参加してもよいし，あるいは電話や書面による委託入札の方法を採用してもよい。

第2節　美術品の流通経路①—画廊などを通じての購入

ここで，美術品のうち特に絵画を扱う画廊などの専業画商の役割について述べておきたい。

絵が商品として画家から画商へ渡る移転のパターンとしては，一般的には，買取り方式と委託販売方式がある。

買取り方式では，絵を画商が買い取るのであるから，絵が売れない場合でも絵が画家に返却されることはない。そして，絵が売れた時には，画家からの買取価格（いわゆる，画料）と顧客への売却価格との差額が画商にとっての粗利益となるわけである。また，場合によっては，引取

り時に売却価格を前もって決めておいて，売却時にその価格を一定の割合で按分して，画家，画商それぞれの取り分とするというような方式がとられることもある。この場合，絵の引取り時には，買取り保証が行われるのが通常である。

委託販売方式では，絵が売れた場合に，売却価格の一定割合（大体，3割程度）を仲介手数料として画商が収受する。しかし，もし売れない場合には，絵は画家に返却されることになる。したがって，一般的にいえば，委託販売方式の方が画家にとっては不利であるといえよう[2]。

このように，画商は，形式的には，画家が制作した絵画を顧客やコレクターに販売または仲介する業者であり，そこから得られる絵画の売買差益や仲介手数料を収入の源泉とする商人である。しかし，画商の役割は，このような商業的な役割に限定されず，時によっては，新人作家を発掘したり，あるいはセールス・プロモーションにより画家を流行作家に育て上げたりするといった積極的役割を果たすこともある。この事情を，池田満寿夫氏は次のように語っている。

「絵が美術品になっていく過程で実は画商の果たす役割は非常に大きい。何と言っても画家にとっては，一番最初に自分の絵を見る人であり，自分の一枚の絵が売れるかどうかは，一にも二にも，まずは画商の判断によるからだ。

画商が売ろうと思えば，多くの場合，美術品としての価値に不案内なお客を，専門家という立場で誘導することもできるはずであり，現代のようなさまざまのメディアを利用すれば一つのブームさえ起こしうるからだ。たとえば，最近とくに名前の挙がるヤマガタ・ヒロミチは，ユダヤ人の画商がつき，テレビ・雑誌などマス・メディアを利用した新しい国際戦略で売り出している。これははっきり言って画商の

セールス・プロモーションの力だ。

　しかし，画家からすれば，セールス・プロモーションをしてもらう以前に，自分の絵が画商に認められるか，目に適うかという問題がある。また画商からすれば，目の前の絵の芸術的価値，ひいては商品としての価値を見抜けるかという問題があり，とくに目の前の相手が無名の画家である場合，絵に対する眼力と同時に，その画家に賭ける勇気も必要になってくる。」[3]

　この画商を中心とする美術市場の成立は，西欧においては19世紀後半であり，印象派（impressionnistes）の登場と軌を一にするといわれている。このような背景には，以前は王侯貴族や聖職者など一部の支配階級，特権階級の愛玩物であった絵画などの美術品が，産業革命を契機とする市民階層の擡頭により，彼らに受け入れられるだけの経済的基盤が整備されたことが指摘されている。また，当時誕生した印象派の絵や画法[4]が，市民階層の求めるものと合致したということの他に，大量制作に向いていたため増大する絵画需要によく応えたということが，美術市場の一層の発展を促したといわれている[5]。つまり，フランスなどを中心とする19世紀後半の西欧においては，供給，需要の両面において，絵画市場が発展する素地が出来上がっていたわけである。

第3節　美術品の流通経路②─制作者や所有者からの直接購入または展覧会での購入

　ここで，美術品を前述の（3），（4），（5）の方法によりもとめる場合を考えてみよう。

　この場合には，売手が最初から売値を設定していて，買手が価格決定

に加わる余地がまったくない場合もあるし，また逆に，売手と買手の交渉によって取引価格が決まっていく場合もある。前者の場合は定価方式に準じた価格設定方法であり，後者の場合はオークション方式に準じた価格設定方法である。

ただ（5）の展覧会やサロンにおいて美術品を購入する場合は，その展覧会やサロンがデパートや美術業者の主催による時は定価方式による価格設定が一般的である。これに対し，その展覧会やサロンが美術家団体や美術家個人により執り行われている時は，美術品の価格設定は必ずしも定価方式ではなく，買手が価格交渉に加わる余地が生じる場合もある。もともと展覧会やサロンは美術家の作品発表の場，言い換えれば自己表現の場であり，それは歴史的に美術運動の流れに大きな影響を及ぼしてきた。しかし，それは同時に，美術品の取引の場として多くの美術家の収入源の一翼を担うという経済的役割も果たしてきた。むしろ現代にあっては，展覧会やサロンの活動はデパートや画商などの美術業者の関与のもとに行われるのが一般的であり，これが顧客層の経済的成熟と相まって，展覧会やサロンを作品発表の場というよりもむしろ作品取引の場へと移行させているのである。

このような展覧会やサロンの歴史的な経緯を，高階秀爾氏は次のように述べられている。

「すなわち，芸術家の生活を支える —— したがって芸術そのものの存在を支える —— 社会的，経済的基盤は，少数の『芸術に理解のある』保護者たちであり，その保護者と芸術家との関係は，個人的，直接的なものであって，展覧会のような仲介機構を必要としなかったのである。

このような関係が大きく変わって来るのは，教会，王侯貴族，大商

人などの少数の保護者に代わって，一般の市民たちが芸術の経済的担い手となってからである。もちろんそれは，芸術に関してのみならず，一般に社会のあらゆる活動の中心が少数の権力者から一般の市民たちに移って行く過程と見合っている。十八世紀のフランスは，八〇年代の末までかたちの上では王制が続いていたにもかかわらず，社会の活動の担い手が国王を中心とする宮廷の貴族から一般の市民たちへと次第に移行して行った時代である。宮廷は依然として芸術の重要な保護者であり続けたには違いないが，それと同時に，主として上流の市民たちが，芸術活動を支える重要な層としてクローズアップされるようになって来る。しかしながら，これらの市民たちは，一般的に国王や大貴族のような資力も権力ももち合わせていないから，お抱えの芸術家を雇うことはできないし，またそうしようという気もない。彼らは，芸術家を雇うよりも，作品を買うのである。また芸術家の方も，少数の保護者をあてにしているだけではすまず，多数の人びとに作品を売らなければならない。したがって，芸術家の方としては，自分の作品を大勢の人に知って貰う必要があるし，顧客である市民たちには，気に入った作品を見つけ出す場所が必要となる。このような双方の要請に応じて登場して来た ── というよりもあらためてその役割が認められた ── のが，展覧会，フランスの場合でいえば，サロンにほかならなかったのである。

　事実，十七世紀にかたちだけはととのえられたサロンが事実上機能しだすのは，十八世紀の三〇年代のことであり，まがりなりにも定期的に開催される体制が出来上がるのは，十八世紀の後半のことである。つまり端的にいって，芸術作品の売手と買手，あるいは生産者と消費者の関係が変わって，商品である作品展示のための場所が必要になって来た時はじめて，展覧会は社会的にその存在理由を認められる

ようになったのである。」[6]

　このような事情は，西欧の他の国々においても似たり寄ったりである。

　たとえば，17世紀，海運や貿易を背景に隆盛を極めたオランダにおいても，同世紀に入ってから市民階層の擡頭がみられるようになる。

　しかし，これら市民階層の財力は豊かになったとはいえ，まだまだ絵画の注文制作をなすことができるほどのものではなかった。それゆえ，市民の多くは，主に財政上の理由から，注文制作品ではなく，出来合いの絵画を求めたのである。ここに，絵画の制作は，「注文生産」から「商品生産」へと制作形態を転換し，市場における自由競争へと入っていく素地が固まったのである[7]。そして，その結果，夥しい数の絵画が制作されるようになっていった[8]。

　また，この自由競争においては，買手側の多様な趣味や嗜好に応じて，絵画のジャンルも，風景画であれば海景のジャンルとか農村風景のジャンル，また静物画であれば花のジャンルとか食物のジャンルというふうに，細分化が進んでいき，そのことが，また，膨大な絵画制作へと拍車をかけたのである[9]。

　そして，この膨大な数の絵画制作は，絵画を専門に取り扱う画商の社会的役割を認知させ，高める起爆剤となったのである。しかし，当時は，専業の画商は少なく，画家自身や額縁職人あるいは旅籠，居酒屋などが副業として画商を営む業態が多かったようである[10]。このように，市民階層の擡頭は，美術の世界に対しても大きな変革をもたらしたのである。

第4節　美術品の流通経路③—オークションでの購入

　（6）のオークション方式による美術品取引は，これまでわが国では
あまり普及してこなかったが，現在では美術品に対する購買意欲の上昇
や海外のオークション会社の進出，さらにインターネットの活用などに
より，オークション取引の普及が図られている[11]。

　一方，欧米では古くからオークションの伝統があり，オークション会
社（auction house）が多数林立している[12]。美術品の国際的オークショ
ン市場は，ロンドン，ニューヨーク，パリであり，一流の美術品のオー
クションは，ほとんど，この三都市で行われているといってよいであろ
う。

　さて，オークション会社を介してのオークションの仕組みであるが，
その手順を簡単に示せば**図表1-2**のようになる[13]。

　オークション会社は，売手から美術品のオークションを委託される。
その際，オークション会社は，これ以上の価格で売って欲しいという売
手側の最低希望販売価格（reserve price：リザーブプライス）を売手と
の間で取り決めるのが通例である[14]。かかる場合には，オークション
は，指定されたリザーブプライスを下限値として，それを超える価格領
域内で実施されることになる。しかし，この価格領域内でオークション
が成立しない時には，売手の合意を得てリザーブプライス以下で最高落
札価格（hammer price：ハンマープライス）が決まることもある。

　かくして，オークションにかけた結果，ハンマープライスが決まった
時には，オークション会社は，買手からハンマープライスの10%を仲介
手数料として受け取る。このハンマープライスと買手からの仲介手数料
を合算したものを落札値（落値）という。

第1章　美術品の取引過程

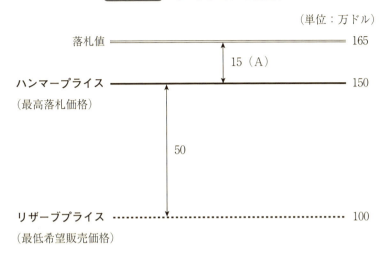

図表1-2　オークションの仕組み

A：150×10％＝15（買手からの手数料）
B：(150－100)×5％＝2.5（売手からの手数料）
オークション会社の受取手数料合計　17.5

　また，売手からは，ハンマープライスがリザーブプライス以下の時には手数料を徴収しないが，リザーブプライスを超える時はその超えた差額の大きさに応じて5％とか10％の報酬手数料をとる。

　たとえば，リザーブプライスが100万ドルの絵画をオークションにかけた結果，150万ドルにハンマープライスが決まった時には，オークション会社は，買手から仲介手数料15万ドル〔150万ドル×10％〕と，売手から報酬手数料2.5万ドル〔(150万ドル－100万ドル)×5％〕（ここでは，報酬手数料率を5％として計算した），合計すると17.5万ドルの手数料を受け取ることになる。

　また，最近では，インターネットを媒介とするネット取引の進展にと

もなって，美術品のオークションもパソコンのサイト上で行われるように
なった[15]。

　買手は，オークションサイトに示された美術品をパソコンの画面を通
して確認し，買いたい品があれば一定の言い値をサイト上の所定欄に入
力する。それ以降の手順は通常のオークション取引に準じた形で行わ
れ，落札価格を提示した買手が美術品を競落するのである。このネッ
ト・オークションは，必ずしも企業対個人の取引に限定されず，個人対
個人の取引も活発に行われている。また，現在では，自治体などの公的
組織が，税の現物納付や滞納税の代物弁済として取り立てた美術品を
ネット・オークションで競売することも行われている。

◆注―――――――――

1　画廊などで美術品を購入する際には，値引き交渉が行われることがある。
　　しかし，この場合でも，取引価格は，画廊側が最初に設定した価格から大
　　きく乖離することはほとんどないといってよいであろう。この意味で，定
　　価方式は，かかる場合にも原則的に有効である。
2　絵をめぐる，このような画家と画商の駆け引きについては，次の文献が
　　具体例を示しながら詳説しているので参照されたい。
　　池田満寿夫著『美の値段』光文社，1990年，22-33ページ。
3　池田満寿夫著『前掲書』15-16ページ。
4　印象派は，風景の規定要因を光の変化として捉えたために，光の変化を
　　実見する必要から，それまでの屋内のアトリエ制作に代えて，戸外での実
　　地制作を重視した。そのため，必然的にキャンバスの小型化をもたらし，
　　そのことが絵画の低廉化を導いた。また，光の変化を追うために，素早い
　　描写が必要となり，そのことが絵画の大量制作を可能にしたといわれてい
　　る。

第 1 章　美術品の取引過程

　　詳細については次の文献を参照されたい。

　　池田満寿夫著『前掲書』54-57ページ。

5　池田満寿夫著『前掲書』52-60ページ。

6　高階秀爾著『西欧芸術の精神』青土社，1993年，393-394ページ。

7　『週刊美術館　フェルメール』通巻第 8 号，小学館，2000年 3 月，31ページ。

8　17世紀にオランダで制作された絵画は500万枚を超え，それは同時期にヨーロッパで制作された絵画総数のおよそ半分を占めたといわれている。

　　池田満寿夫著『前掲書』31ページ。

9　池田満寿夫著『前掲書』31ページ。

　　このような大量の絵画の商品流通を可能にした要因の 1 つとして，キャンバスの変化をあげることができよう。

　　ルネサンスに至るまでの絵画は，樫やポプラなどの板の上に描かれた板絵であったが，ルネサンス期に入り徐々に板の代わりに布が使用されるようになっていった。これにより，絵画の制作や移送が容易となり，商品としての絵画の流通に拍車がかかったものと考えられる。

10　池田満寿夫著『前掲書』31ページ。

11　オークション参加者の内訳であるが，以前は画商，美術館関係者，作家などの美術関係者が中心であったが，最近では，個人コレクターや美術愛好家などの美術関係者以外の人々の比重が増えてきている。

12　なかでも，英国に本社のあるサザビーズ（Sotheby's）とクリスティーズ（Christie's）は，その伝統と規模からいってオークション会社の双璧である。サザビーズの創立は1733年，クリスティーズは1766年に遡る。また，これに追随するオークション会社としては，フランスのオテル・ドゥルオー（L'hotel Drouot）があり，その創立は1801年に遡る。オークション・ハウスの歴史については，次の文献を参照されたい。

　　「特集　元祖・サザビーズと本家・クリスティーズ　オークション華麗史」『芸術新潮』第41巻第12号，1990年12月，3 -60ページ。

13　この説明については次の文献を参照した。

17

藤井一雄著『国際絵画市場：流転する名画』講談社，1988年，20-24ページ。

14　この価格は，エスティメイト（estimate：予想落札価格）の8割ぐらいとするのが一般的である。

　　また，現在では，リザーブ・プライスを指定せずに，取引の決定をオークション業者に一任する成行き売りも行われている。

15　インターネットを利用してのネット・オークションにおいては，売手・買手双方の顔が見えないため詐欺などの犯罪が発生する確率が高く，社会的にも十分な防御措置が講じられるべきことが論じられている。

　　また，このようなネット取引においては，ハッカーによるパスワードの盗視やネット取引業者のホームページへの集中豪雨的接続などの電脳テロが頻発しており，この方面へのセキュリティー対策の強化が国際的にも叫ばれている。

第2章
美術市場の性格

第1節　美術市場の特質

第2節　パトロネージュと芸術的自律性のマトリクス

第3節　パトロネージュと美術作品の市場性のマトリクス

第1節　美術市場の特質

〔1〕　近年の構造変化①──富裕層による支配からの解放

　前章において，いわゆる専業画商を中心とする美術市場の成立は，フランスなど西欧においては19世紀後半であり，印象派の登場と軌を一にすることを指摘した。

　そして，そのような背景には，産業革命を契機とする市民階層の擡頭，ならびに当時誕生した印象派の絵や画法がこれら市民階層の増大する絵画需要にうまく対応した事情があることを述べた[1]。

　このような美術市場の成立が，オークション取引の普及や展覧会，サロンの頻繁な開催などとあいまって，画家などの美術家と富裕なブルジョア階級との間に美術取引における一種の蜜月時代（時には緊張関係を伴いながらも）を形成していったのである。

　現代においても，このような富裕階級による伝統的なパトロネージュや作品の受け入れによって美術市場が機能していることは否定できない事実である。しかし，このような美術家と富裕階級の蜜月的関係を基軸とする美術市場の有り様は，現代では構造的にかなり変質してきているというのが正確な叙述であろう。

　つまり，美術家の創り出す作品が既成の概念を打ち壊し，美術の受け手であった富裕階級の嗜好や思惑に阿ることなく社会に対し積極的に自己主張しはじめたのである。

　ダニエル・ベル（Daniel Bell）も，このことを，かつて次のように指摘した。

第2章　美術市場の性格

　「つまり，金持ちの買い手，すなわち中産階級の観衆は，もはや芸
術を支配できなくなったということである。
　絵画においても，映画においても，芸術家，それも『前衛』芸術家
が，文化の舞台を支配している。（たぶん，高級音楽の分野ではそれ
ほど顕著ではないだろうが。）芸術家が急速に観衆と市場を造り出す
のであって，その逆ではない。」[2]

　そして，そのような美術市場における構造的変化の主要な理由を，ベ
ルは，個人の社会的地位と文化的スタイルとが分離したことに関係があ
ると述べている[3]。また，ベルは，そのことを次のようにも指摘してい
る。

　「芸術における状況はいくぶん違うようだ。ここでみられるのは専
門家の勝利ではない。『文化』そのものの勝利である。さらにいえ
ば，現代の潮流である，『近代主義』の芸術運動の勝利である。
　ここ百年間の文化，つまり『近代化』につとめてきた文化が，経
済・技術・職業的基盤としてはブルジョア体制のままでいる社会にう
ち勝ったのだ。文化が社会から分離し，自立したのである。」[4]

　しかし，芸術家によって買手の嗜好や思惑に関係なく急速に市場が造
り出されるといっても，それは，市場に送り出される作品群のことを指
し示しているにすぎないのである。つまり，それら美術品の市場価格
（芸術的価値ではない）までが芸術家により一方的に決定されるもので
はなく，それが依然として買手の需要動向に大きく作用されることは否
めない事実である。
　個々の美術品にみられる代替性の欠如，つまりその絶対的稀少性とい

う特質は，ある意味では不動産のもつ特質に類似しているといえよう。土地などの不動産も，唯一無二の存在であり，同じものはありえない。したがって，その市場は局所限定的であり，取引は，需要動向や景気などの社会的要因に作用されるが，また売手，買手間の駆け引きや力関係のような個人的要因にも多分に作用されるのである。このことは，美術品の市場や取引にもそのまま当てはまる。

　芸術家と芸術愛好家の関係は通常は作品を介して直接もしくは間接に結ばれているのであって，その作品が芸術愛好家の手元に届くプロセスを支配するのが美術品の価格メカニズムである。

　絵画のような美術品は需要が増大しても大量生産できない性格のものであり，換言すれば，供給の価格弾力性はきわめて小さい。そのため，景気の冷え込みなどにより美術品需要が低迷すると，美術品の市場価格は大きく下落することになる。しかも，美術品は嗜好的要素が強いため，景気変動などによる需要変化を受けやすい。つまり，美術品の需要関数は，所得の変化や流行などの要因に応じて敏感にシフト変化を起こしやすいのである。

　このような理由から，美術品の市場価格は不安定とならざるをえず，そのことが美術市場の不安定性の最大要因になっているといってよいであろう。

　高名な一部の美術品を除き，多くの美術品の経済的基盤は脆弱である。それゆえ，ベルのいうように，「文化が社会から分離し，自立した」と言い切ることには，われわれは躊躇せざるをえないのである。

〔2〕　近年の構造変化②—大衆の参加

また，近年の趨勢として，素人である大衆が芸術の創造領域に気軽に

参加しはじめた。これには，いくつかの原因が想定できるが，1つには
インターネットなど通信手段の進展に負うところが大である。パソコン
と周辺機器さえあれば，誰もが気軽に自分のホームページ上に自分や仲
間の作品を載せて，それを全世界に向けて発信することができるように
なった。そして，それは，低コストで場所を選ぶことなく実行可能であ
る。

　その結果，これまでは特定のプロフェッショナルや一部の愛好者にの
み開かれていた芸術発信の空間が，広く大衆に開放されたのである。こ
れにより，素人が自己の作品をサイト上で販売したり，あるいはオーク
ションサイトに出品するようになった。

　「大衆を美術に向かわせる最も手っ取り早くて確実な方法は，美術に
目を向ければ大衆が利益を得られるようにすることである。」[5]とウィ
リアム・D・グランプ氏（William D. Grampp）は述べているが，この
ことは美術品の取引面のみでなく，美術品の創作面にもいえることなの
である。芸術家の裾野が広がっていくことは，市場に出回る美術品の絶
対量が増えるということであり，それは美術品の質や価格にも影響を及
ぼすのである。

〔3〕　近年の構造変化③―投資目的による需要の増大

　美術品を購う理由としては鑑賞目的，装飾目的などさまざまなものが
考えられるが[6]，その中で投資目的や投機目的による需要について少し
敷衍しておくことにしたい。

　一般的風潮としては，個人や企業などが投資や投機の目的で美術品を
購入する行為は不純なものとして否定的にみられる傾向が強い。しか
し，もし美術品を一個の商品としてみるならば（このことには異論が多

いと思われるが)，それは資本主義社会におけるごく普通の経済的行為に他ならない[7]。むしろ，一般的には，美術品の購入動機の基底にはある程度の投資的動機が伏在していることが多いと考えられる。つまり，投資的動機が鑑賞的動機などと複合して美術品の購入に向かうのが購入動機としては一般的なのではなかろうか。つまり，長期的視座から見れば，このことの示唆するところは，鑑賞的動機にかなうような名品であれば，それは投資的動機をも満たしうるということである。

　問題は，逆に，投資的動機にかなう美術品が，果して長期的視座からみた場合に人々の鑑賞的動機をも満たしうるのかという点である。一時的な流行によって創出された人気作家の作品群は短期的には投資的動機を満たしうるであろうが，それらは，長期的には鑑賞的動機を持続させえないため，投資的動機そのものの継続をも消失させていくのである。

　美術品の経済的価値は，歴史的には，その芸術的価値に収斂していくという命題に従うならば[8]，投資的動機による美術品購入を一概に不純なものとして排斥することは，狭隘な考えといえるのではなかろうか。

　瀬木慎一氏も，「究極においては，芸術的評価と経済的評価は一致することが多いと考えて，作品を選択する方が現実的である，と私は信じている。

　この意味で，美術収集に関する限り，投資家というものは，経済観念のみでは存在しえず，その良き部分は，真剣な美術理解と複合しており，必然的に，かれは美術収集家へと転じるのである。

　従って，この形態における投資家は大いに歓迎すべきであり，その種の人々を包容してはじめて，美術市場は強固になり，発展するのであろう。投資家をいちがいに嫌悪し，排除する純粋主義は，美術市場の性格に適合しない。」[9]と述べられている。

第2節　パトロネージュと芸術的自律性のマトリクス

　次に，美術家の作品制作に対する自律性の問題や制作された美術作品の市場性の問題をパトロネージュと交錯させることによって，美術家と文化についての関係の一端を考えてみることにする。

　図表2-1において，縦軸がパトロネージュの密度を，横軸が画家の描く絵画のジャンルや画題の設定が自律的かどうかのレベルを表すものとしよう。

　なお，自律的か他律的かの意味であるが，これは画家の制作姿勢や制作意図，あるいは画風などに係る自律性を包含するものではない。

図表2-1　パトロネージュと芸術的自律性

パトロネージュ

B　　　　　　A

自律的 ←——————————→ 他律的

C　　　　　　D

ノン・パトロネージュ

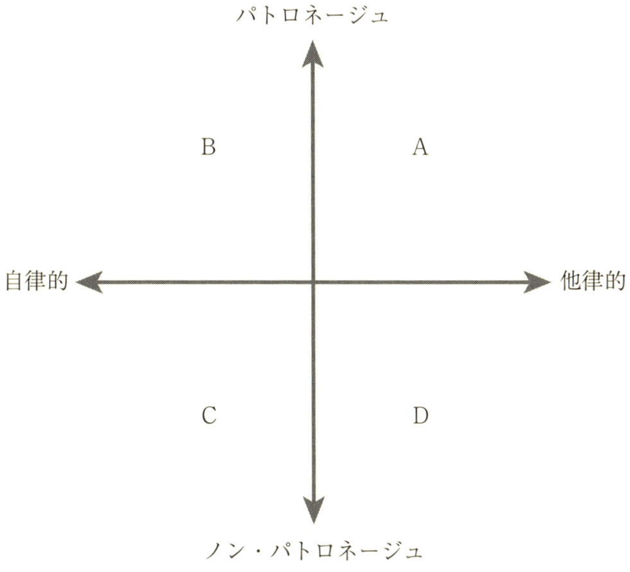

Aの象限に属するのは，伝統的には，宮廷や貴族社会のお抱え画家とか，わが国における将軍家お抱えの御用絵師と称された画家たちである。例をあげれば，スペインのベラスケスとか，わが国の狩野派の画家などがこれに該当するであろう。

　つまり，そこでは，パトロンである宮廷や将軍家の依頼や嗜好に合わせた作品が制作されたのである。この意味で，それらの絵は，一種の注文制作品であったといえよう。しかし，時代が下るにつれ，宮廷や貴族などの強力なパトロンが力を失い，また姿を消していくにつれ，絵画のジャンルや潮流も大きな変化を遂げて行った。

　現代においては，絵画は特定のパトロンのためのものではなく，広く一般に開かれた存在である。言い換えれば，絵画は注文制作品というよりも，美術市場に流通する市場商品としての側面が強い。したがって，絵画の需要者は少数のパトロンではなく，不特定多数の一般大衆である。この意味で，画家の設定するジャンルや画題は，特定のパトロンの手を離れて，画家の自由な選択に委ねられたのである。ダニエル・ベル氏のいう「文化が社会から分離し，自立したのである。」という言葉も，このような文脈において理解すべきであろう。

　現代における美術家の立ち位置は，一般的にいって，縦軸の左側のBもしくはCの象限に属すると考えられる。注文制作品の肖像画などを別にすれば，パトロネージュの付与は，画題やジャンルの決定まで束縛するものではない。この意味で，美術家は自己の制作意図に従って，自由に画題を設定し制作に勤しむことができるのである。

第3節　パトロネージュと美術作品の市場性のマトリクス

第2節で述べたことを別の視座からみれば，次のようになる。

図表2-2において，縦軸には，図表2-1と同様にパトロネージュの座標軸をとる。そして，横軸には，美術品の流通過程が市場的か否かの座標軸をとる。

ここで，市場的・非市場的という用語の意味であるが，美術品の需要者（潜在的需要者を含む）が多数存在し，美術品の流通市場がオープンな場合を市場的（marketable）とよび，逆に，需要者が少数で，美術品の流通市場が閉鎖的な場合を非市場的（non-marketable）とよぶも

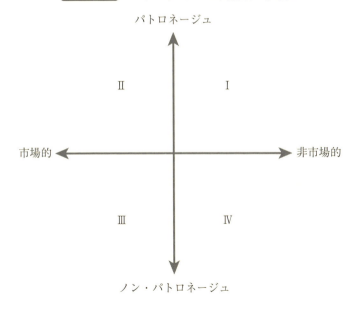

図表2-2　パトロネージュと美術品の市場性

のとする。

　美術品の流通が非市場的な場合には，パトロネージュの有無は，美術家としての死活問題につながってくる。したがって，美術家とパトロンとの結びつきは強固であり，時によっては全人格的な結びつきをとることもある。あるいは，パトロンへの従属的関係を美術家が強いられることも起こりうるであろう。このような関係が生じうるのは，美術家の立ち位置がⅠの象限に属する場合である。

　なお，美術家がⅣの象限に位置するときは，作品制作だけでは生計を維持することは困難になる。したがって，美術家がもしそこに踏みとどまる場合は，美術品の制作は一種の趣味としてか，あるいは求道的な営為の様相を帯びることになる。このような状況下においては，美術品の制作行為は自律性に促されたものとなるであろう。

◆注————————
1　池田満寿夫著『前掲書』52-60ページ。
2　ダニエル・ベル著，林雄二郎訳『資本主義の文化的矛盾（上巻）』講談社，1994年，90ページ。
3　ダニエル・ベル著『前掲書』91ページ。
4　ダニエル・ベル著『前掲書』91-92ページ。
5　William D. Grampp, *Pricing the Priceless*, Basic Books, Inc., 1989.
　ウィリアム・D・グランプ著，藤島泰輔訳『名画の経済学：美術市場を支配する経済原理』ダイヤモンド社，1991年，11ページ。
6　美術品を購入する理由としては，鑑賞のため，富（栄華）の象徴のため，個人または組織のイメージの高揚のため，あるいは投資のためなどさまざまなものがあるであろう。これらの要因は，多くの場合，相互に密接に結びついていると考えられる。

第2章　美術市場の性格

7　ウィリアム・D・グランプ氏は，美術品を経済財の一種と考え，次のように述べている。

「『美術作品も経済学で取り扱う財であり，その価値は市場で決まる。財の生産者と買い手，つまりそれを創る者と恩恵を受ける者は，自分の持ち得るもので最大限の利益を得ようとしている』との同じ仮定に基づいており，それは不可欠の仮定である。要するに芸術活動とは，極大行動の問題なのだ。」

ウィリアム・D・グランプ著，藤島泰輔訳『前掲書』15ページ。

8　芸術的価値とは，作品の芸術度あるいは作品に具わった芸術的属性である。

経済的価値とは，作品の価格または値段のことに他ならない。

9　瀬木慎一著『絵画の見方買い方』新潮社，1987年，182ページ。

第3章

美術品の評価と鑑定の困難性

第1節　美術品の評価

第2節　美術品の鑑定

美術品の鑑定評価には，美術品の真贋判定および芸術性（芸術的価値）の判定と，値踏みつまり価格の決定という2つの側面がある。

ここでは，美術品の真贋判定と芸術性の判定にかかわる手続を鑑定とよび，美術品の価格決定にかかわる手続つまり資産価値測定手続を評価とよぶことにする。したがって，以後，美術品の評価というときには美術品の値踏みを指しているものと理解されたい。

鑑定と評価の関係では，評価は，基本的には鑑定に依存するといってよいであろう。たとえば，美術品がもし贋作であるならば，その美術品の評価は真作の場合に比してはるかに低額のものとなるであろう。また，美術品の芸術性が低レベルの時には，美術品の評価は，高レベルの場合に比して低額となるであろう。

かかる意味において，鑑定は，評価対象の質的な確定作業であり，評価を規定する基本的要素である。鑑定という作業は，作品の真贋と芸術性を見極める鑑定人の目と鑑定技術に依存している。

本章では，前半部において，美術品の値踏み，すなわち評価の問題を取り上げて考察することとし，鑑定の問題については後半部で俎上に載せることにする。

第1節　美術品の評価

美術品の評価は，なかなか困難であるといわれている。この評価の困難性は，主に次のような理由から生じている。

> （1）　美術品の価値は，その制作者である作家と密接な関連を有している。

一人の作家が生涯を通じて制作できる作品の数は限られている。つまり，美術品は原則的に少量生産であるため，ある作家の人気が高まっても，その作家の作品の購入には数量的限界が伴う。作家が生み出す作品群のこの数量的稀少性が，美術市場を狭隘化させると同時に，個々の作品の評価を困難ならしめている。

（2）　国にとって重要度がきわめて高い美術品の場合には，個人や法人がその所有権を取得したとしても，国外への持ち出しが禁止されることが往々にしてある。

　　　たとえば，フランスでは，歴史的財産法（1913年制定）によって指定された美術品については，このような取り扱いがなされている[1]。また，イタリアにおいても，文化財保護法（1939年制定）の規定によって重要美術品に対しては国に優先買取権が認められていて，事実上，重要美術品の国外への持ち出しは阻止されている。あるいは，中華人民共和国では，文化財の国外への不法持ち出しに対する刑罰は非常に厳しく，場合によっては極刑に処せられることもある。

　　　このような事情から推察するに，重要美術品についてはその市場はより一層狭隘化の道をたどることになり，そのことが美術品の評価をさらに複雑化させていく[2]。

（3）　美術品は，版画など一部のものを除き，唯一無二のものであり，代替性を欠いている。作品のこの非代替性は，評価をする際の評価事例の比較をきわめて困難ならしめる。

（4）　美術品の芸術性（芸術的価値）と美術品の価格は，基本的には正の比例関係を保持するものと思われるが，現実には，芸術性がそれほど高くない作品であっても高い市場価格を獲得しうる場合もある。これは，作品の芸術性そのものの他に，作品の一般的人気度，時代風潮への迎合性，作家本人や画商およびマス・メディアによる宣伝などのさまざまな要因が，作品価格に付加的作用を及ぼすからである。かかる現象は，美術品の評価を一層困難ならしめる要因となっている。

（5） 美術品の評価額は，その制作に要した材料費，労務費，経費などの原価要素と密接な対応関係を有するものではない。したがって，制作原価（production cost）の面から美術品の評価額を決定するには無理が伴う。制作原価は，あくまで評価額を決定する際の参考資料程度のものにすぎない。美術品の評価額は，主に，作品の芸術性や作品および作家に対する人気度などにより強く影響を受けるのである。

（6） 全体的にみれば夥しい数の作品群に比し，美術品の鑑定評価人の数はきわめて少ない。鑑定評価人のこの相対的稀少性が，美術品評価をかなり曖昧模糊ないし不適切なものにしている。

（7） 不動産の鑑定評価の場合には，不動産鑑定士のような公的資格制度が存在している。これに対し，美術品の鑑定評価の場合には，そのような制度はない。このことが，美術品の鑑定評価の質や権威性の向上を阻害していると考えられる。また，このことが，鑑定評価人の不足に影響を及ぼしているのである。

要約すれば，美術品の評価の困難性は，美術品市場の狭隘性，芸術性と評価額の対応関係の非対称性，制作原価と評価額の対応関係の非有意

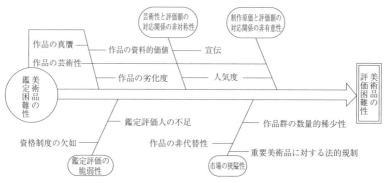

図表3-1　美術品の評価困難性とそれをもたらす諸要因

第3章　美術品の評価と鑑定の困難性

性，および鑑定評価の脆弱性にその理由をもとめることができよう。

　以上述べたことを特性要因図（魚骨図表）により整理すれば，**図表3－1**のようになる。

第2節　美術品の鑑定

〔1〕　鑑定の意義

　美術品の鑑定は，作品の真贋判定，制作者の確定，制作年代の確定，作品の劣化度の判定などの作業を含む概念である。ここでは，これらの概念の他に，さらに芸術性（芸術的価値）の判定という意味を付加して，鑑定という用語を使用している。

　前述したように，作品の値踏み，つまり評価を行うには，その前提として作品の鑑定が必要である。つまり，鑑定は，評価の前提要件である。かかる鑑定作業のうち中心となるのが，真贋判定と制作者の確定および芸術性の判定である。

　真贋判定を行う場合，贋作（偽物，模造品）の中には稚拙なものも数多くあり，素人判断で見分けがつくものもある。しかし，中には，きわめて巧妙に模造されていて，真贋の見分けが非常に困難なものもある[3]。贋作には，最初から作ることが意図された贋作と，たまたま何らかの事情で真作として流通してしまった，いわゆる意図しない贋作とがある。後者の例として，大家の弟子たちが描いた作品が大家のものとして流通するということは，レンブラント（Rembrandt Harmenszoon van Rijn: 1606-1669）の例に見られるように，よく見受けられるところである。

35

本物（真作）か贋作かの識別が行われると，次に本物の場合にはその作者は誰かを特定すること，すなわちアトリビューション（attribution）の確定が行われる。紀元前あるいは紀元後初頭の古美術品の場合はともかくも，作者名の確認が可能となった時代以降の美術品については，真贋判定と並んで，アトリビューションの確定が鑑定作業上大きな比重を占めることになる。つまり，作品が本物であるとしても，その作者が誰であるかにより作品の評価額は大きく変動する。このため，作者名を偽って作品を流通させるというような場合も起こりうる。あるいは，以前は大家の作品と考えられていたものが，その後の研究により別の作者のものであると判明し，評価額が大きく下落するというような事態も生じうる。したがって，作品の真贋判定やアトリビューションの確定[4]には，相当の知識と経験の蓄積が要求されるのである。

　しかし，贋作の中には，このような玄人の厳しい鑑定眼をも欺くものがあり，真作として巷間を流通していくものも稀に存在する。このことは，長い間，真作とされてきた作品が，歴史的変遷を経て贋作と判明することが時折見受けられることが，この事情をよく物語っている。

　鑑定の本旨は真贋判定にその一端をもとめることができると述べたが，それでは真贋判定の結果，贋作と判明した作品は，美術市場から放逐され，完全にその姿を消失してしまうのであろうか。

　答えは，否である。実際には，多くの贋作は，時と場所を変え，幾度も市場に出回り，美術市場を攪乱する。贋作のこのような反復的流通は，贋作の新規流通や前述した鑑定の錯誤による流通と相乗して，美術品の評価に影を落とすことになる。

　すなわち，鑑定の困難性と贋作の絶えざる市場流通は，贋作の危険負担という形で美術品の評価に影響を及ぼすのである。つまり，美術品の

評価，特に一級美術品の評価には，贋作の危険負担度が明示的もしくは黙示的な形で織り込まれていく[5]。このような事情が，美術品の評価を一層複雑なものとしているのである。

　なお，鑑定の結果は，鑑定書という形（場合によっては，鑑定評価書の形もある）で鑑定の依頼者や鑑定品を購入する顧客に知らされる。たとえば，絵画の鑑定書であれば，それには，作家名，タイトル（画題），サイズ，作品の材質，制作年代，手法[6]，保存状態，画歴および真贋判定の結果が記載され，鑑定書の作成日と鑑定担当者の署名捺印および鑑定担当者の所属機関名，機関印が添えられるのが通常である。また，場合によっては，作品の評価額が記載されることもある。

　このように，鑑定書（鑑定評価書）は真贋判定の結果や評価額を知るために緊要な役割を果たす。それゆえ，鑑定書を発行する鑑定人もしくは鑑定機関のもつ権威が，美術品の評価そのものに反映することになる。たとえば，非常に権威が高い鑑定人や鑑定機関が発行する鑑定書において真作証明がなされた時は，その美術品については社会的に真作としての評価が付与されることになるであろう。反対に，もし，その鑑定人や鑑定機関が鑑定書において真贋判定の保留を行ったり，あるいは贋作証明を出した場合には，その美術品の評価はきわめて低い水準にとどまることになると考えられる。したがって，有力な反証がなされない限りにおいて，社会的権威が高い鑑定人や鑑定機関の発行する鑑定書が美術品評価に及ぼす影響は，ほとんど決定的といってよいであろう。これに対し，鑑定人や鑑定機関の社会的権威がさほど高くない場合には，鑑定書が美術品の評価に及ぼす影響は，かなり割り引かれたものとなる。それゆえ，高い権威をもつ鑑定書は，鑑定書自体の偽造を誘発することになる[7]。つまり，真贋判定が判然としない作品や贋作に対して偽造し

た鑑定書を添えることにより，それらの作品の欺罔を糊塗し，真作として高い価格で流通させるのである[8]。このような事態は，正に，鑑定書に付与される権威が美術品の評価と連関していることの証左に他ならない。

〔2〕 芸術性（芸術的価値）の判定

　次に，芸術性（芸術的価値）の判定についてであるが，この問題に立ち入る前に，そもそも芸術的価値もしくは芸術性とは何かということについて少し述べてみたい。
　川野洋氏は，芸術的価値という用語について次のような定義をされている。

　　「芸術的価値とは，芸術作品がそれをみる人に満足をあたえうるはたらきである。ゆえに価値は作品の客観的性質に関係するとともに，またみる人の能力にも関係する。」[9]

　川野氏は，芸術的価値を，作品に具わっている客観的性質の面からのみでなく，作品と向き合う鑑賞者の受容能力の面との連関の中で規定されている。
　この点については，すでに岡倉天心（本名，覚三：1863-1913）が『茶の本』の中で，「われわれが傑作によって存在するごとく，傑作はわれわれによって存在する。
　芸術鑑賞に必要な，共感による心の交流は，互いに譲り合う精神にもとづかなければならない。芸術家が伝言を伝える方法を知らなければならないように，鑑賞者は伝言を受けとる正しい態度を培わねばならな

第3章　美術品の評価と鑑定の困難性

い。」[10]と述べ，同様な意見を披瀝している。

このように，作品と鑑賞者との相対の中から芸術的価値をとらえよう
とする場合，鑑賞者が作品を通して芸術的価値を実感するのは，次のよ
うな時であろう。

　「いうまでもなく，芸術の働き（機能）にはさまざまな要素があ
る。これをいま造形美術の領域に限って見るなら，およそこんな風に
言えるのではなかろうか。すなわち，ふつう美術作品が愛される最も
一般的なあり方は，ある作品をある人間が心ゆくまで見つめ，その結
果，それ以外のどこからも得られないある特別な高貴な感動や喜び，
あるいは言葉にならないほどの，何かしら周囲までが一変してしまっ
たようなものの見方の変革が得られたとき，その作品は確実にある美
的・世界観的機能を彼に対してはたしたということである。
　そのような感動は，実情に即していえば，画布の上に配置された絵
具の色彩や線，またそれらによってつくられた面的形態などの諸要素
の，独特な統一の達成から生じたのである。」[11]

かくして，芸術的価値を，作品そのものがもつ芸術的属性と鑑賞者の
受容能力[12]という両面から規定するとすれば，芸術的価値の判定という
ことが特定の鑑定人や鑑定機関あるいは美術品を取り扱う業者に的確に
なしうるものかという点については，筆者は懐疑的とならざるをえない
のである。

なぜなら，芸術的価値の判定には，歴史的な時間の経過が必要と考え
られるからである。その意味で，歴史的な時間の経過を経て多くの人々
の鑑賞に供した結果，その芸術的価値について評価が定まった美術品に
ついては，芸術的価値の判定ということは，あまり問題とならないであ

39

ろう。これに対し，現在制作されている美術品の芸術的価値の判定については，次のような問題点があると考えられる。

つまり，現在制作されている美術品の場合には，歴史的な時間の経過を経ていないために，たまたま一時的な流行やその他の人為的な施策（たとえば，国策的美術運動[13]など）の流れに乗った結果，芸術的価値があるように錯覚されがちな点である。あるいは，前衛美術などの場合には，作品が発表された時点においては，作者の意図が鑑賞者に十分に理解されないという現象がよく生じる。

しかし，このような作品も，長い歴史の流れの中では，次第に選別，淘汰されていくのである。換言すれば，芸術的価値の判定には個人的嗜好や時代的背景が色濃く反映するので，相当のタイムスパンをとって判定を行わないかぎり，普遍的な芸術的価値の判定はなしえないと考えられる。

芸術的価値あるいは芸術性があるということは，専門家を含めて多くの人々がその価値を認めたということであり，その意味では個人的嗜好の大多数を長期にわたって獲得したということに他ならない。つまり，芸術作品というのは，長期的な流行作品という側面を有している。

しかし，反面，美術品の中には，大多数の共感をえなくても，長い期間にわたりごくわずかの人々の感性に強く訴求するものも数多くあると思われる。この場合，このような美術品は，低い人気度のゆえに，芸術的価値が低い，あるいは芸術的価値がないとはたして言えるものであろうか。

この問いに対しては，われわれは，「否」という答えを用意せざるをえない。前述したように，芸術的価値は，一面では，作品と向き合う鑑賞者の受容能力により規定されるのであるから，人数が少ないとはいえ，鑑賞者の感性に鋭く迫るような作品は，高い芸術的価値を有してい

第 3 章　美術品の評価と鑑定の困難性

る可能性が大きいといってよいのではなかろうか。

　以上述べてきたように，美術品（特に，現在制作されているもの）の芸術的価値の判定を特定の個人または機関が短時日のうちになしえると考えることは，きわめて困難である。たとえば，ゴッホやモディリアーニ（Modigliani, Amedeo: 1884-1920）の場合を想定されたい。彼らの作品は，彼らが存命中には，その芸術的価値はほとんど評価されることがなかった。ゴッホにいたっては，生前に売れた作品はわずか『ガシェ博士の肖像』1点にすぎなかったといわれている。このように，現在制作されているような現行美術品については，美術品の評価を芸術的価値との相関性の中で捉えようとすることは，きわめて危険であるといわざるをえない。ただ言えることは，美術品の経済的価値（市場価値あるいは商品価値）は，歴史的には，その芸術的価値に収斂するものと考えられるということである。

◆注───────────

1　ゴッホ（Gogh, Vincent van: 1853-1890）の『オベールの庭』（1890年制作）がフランスで歴史的財産法によって該当美術品に指定されたことにより，その売値が国際的評価額の6分の1の5,500万フラン（1994年の邦貨換算で約11億円）にしかならなかったと，売主が国に対して損害賠償を提訴した。そして，第一審で売主側が勝訴し，国に対し，利子を含む合計4億2,200万フラン（1994年の邦貨換算で約84億4,000万円）の支払命令が下りた事件があった。この件については次の紙面を参照されたい。
　　『朝日新聞』（朝刊），1994年3月24日付。

2　日本の場合，国の重要文化財に指定されている美術品などを第三者に売却する時には，国（文化庁）に事前に届け出ることが文化財保護法により

41

定められている。ただし，この規定は，裁判所の強制競売については適用除外となっている。したがって，競売物件となった重要文化財については，国の内外を問わず誰が取得者になったとしても法的には問題が生じないということになる。

3　これらの実例の一端については，次の文献を参照されたい。

　「万国贋作博覧会」『芸術新潮』第41巻第7号，1990年7月，3-76ページ。

　「特集 平成贋作事情」『にっけいあーと』第31号，1991年4月，6-22ページ。

　「特集 贋作戦後美術史」『芸術新潮』第42巻第11号，1991年11月，3-67ページ。

　トマス・ホーヴィング著，雨沢泰訳『にせもの美術史』朝日新聞社，2002年。

4　少し前，アトリビューションが問題となった例としては，レオナルド・ダ・ヴィンチ（Leonardo da Vinci）により描かれたかどうかで紛糾した「岩窟の聖母」のケースがある。この点については以下の文献を参照されたい。

　なお，「岩窟の聖母」は，ダ・ヴィンチがプレディス兄弟と共作したとされている祭壇画の傑作である。同じ絵柄の作品が2つ存在し，1つはルーヴルに，もう一方はナショナル・ギャラリーに所蔵されている。2つの作品のうち1つは贋作といわれているが，どちらの絵がそうであるかについては，諸説入り乱れ定かではない。

　「特集 贋作戦後美術史」『前掲書』36ページ。

　溝口 敦著『消えた名画：「ダ・ヴィンチ習作」疑惑を追う』講談社，1993年。

5　もちろん，美術品の評価は，真作であることを前提として行うわけである。しかし，年代物の作品や物故作家の作品の場合には，真作保証を100％なしうることはなかなかに難しいので，鑑定費用や贋作の危険負担費用などが美術品の評価に織り込まれることになる。

　なお，フランスでは，オークションで落札された作品については，30年

間の真作保証を行うことが法的要件となっている。

6 「手法」とは，洋画，日本画の別，あるいは油絵，水彩画などの区分のことである。

7 一例をあげるならば，高価な陶磁器は桐箱に納めて売買するのが一般的である。そして，その桐箱には，しかるべき鑑定人とか，茶道，華道などの名匠といった人々により，その焼き物が一定の価値を有するものであることを証する箱書きが添えられるのが通例である。したがって，売買においては，陶磁器本体の出来映えと同等もしくはそれ以上に，箱書きが誰によってなされたかが重要視されることになる。極言すれば，焼き物本体が凡庸なものであっても，箱書きが権威者によりなされたものであれば，その品は往々にして高値で取引されることになるのである。

このような慣行のゆえに，箱書きそのものが偽造されて出回るという事態が生じるのである。

8 近時における著名な事例としては，棟方志功鑑定委員会が発行する鑑定書の偽造事件をあげることができる。

9 川野 洋著『芸術情報の理論』新曜社，1979年，211ページ。

10 岡倉天心著，桶谷秀昭訳『茶の本』講談社，1994年，68ページ。

しかし，一方で，天心は，芸術鑑賞者のもつ受容能力は究極的には個人の気質により規定されるものであると述べている。

「しかしながら，芸術は，それがわれわれに語りかける度合でのみ価値があることを，忘れてはならない。もしも，われわれの側の共感が普遍的であるならば，芸術が語りかける言葉も普遍的であるだろう。われわれは生まれながらにして，有限の存在である。それに，先祖伝来の天分はむろんのこと，伝統と因習の力が，われわれの芸術享受の受容能力の幅を限定している。われわれの個性さえも，或る意味でわれわれの理解力に制限を設けている。つまり，われわれの審美的人格は，みずからの同類を過去の創作品の中に探し求める。修養によって，われわれの芸術鑑賞の感覚が幅広くなり，それまでは知らなかった美の多くの表現を享受することができるようになることはたしかである。しかし，結局，宇宙の中でわれわれにみ

えるのは，自分自身の形象だけなのであって，言いかえれば，われわれの固有の気質が認識のかたちを指図するのである。」

岡倉天心著『前掲書』72-73ページ。

11 大岡 信著『抽象絵画への招待』岩波書店，1985年，11ページ。

付言すれば，岡本太郎氏は，作り手の立場から芸術の機能，役割について次のように述べている。

「それは一言でいってしまえば，失われた人間の全体性を奪回しようという情熱の噴出といっていいでしょう。現代の人間の不幸，空虚，疎外，すべてのマイナスが，このポイントにおいて逆にエネルギーとなってふきだすのです。力，才能の問題ではない。たとえ非力でも，その瞬間に非力のままで，全体性をあらわす感動，その表現。それによって，見る者に生きがいを触発させるのです。」

岡本太郎著『今日の芸術』光文社，1999年，21ページ。

12 ここでいう受容能力の概念は，ニューヨーク近代美術館（MOMA）の元教育部長フィリップ・ヤノワイン氏と同館教育部の美術カリキュラム担当者アメリア・アナレス氏が説くところの Visual Literacy（視覚的読解力）の概念に近いといってもよいであろう。

両氏は，VTC（Visual Thinking Curriculum）という美術鑑賞者への啓蒙のための美術カリキュラム・プログラムの中で，Visual Literacy の発達段階を5段階に分類している。

熊倉純子稿「芸術の社会基盤と『アウト・リーチ』活動」『日経アート』第88号，1996年1月，59ページ。

13 たとえば，第2次大戦前および大戦中のわが国やナチスの国威発揚のために制作された，いわゆる戦争絵画をみられたい。この一端については，次の文献を参照されたい。

関 楠生著『ヒトラーと退廃芸術：退廃芸術展と大ドイツ芸術展』河出書房新社，1992年。

第 **4** 章
美術品と税

第1節　美術品と減価償却資産

第2節　美術品と所得税・法人税

第3節　美術品と譲渡所得

第4節　美術品と相続税

第5節　美術品と固定資産税

第6節　美術品と不正取引

美術品と税との関わりは，美術品の属性や価値体系の独自性に裏打ち
されて，他の物財に対するものとは違って，一種独特なものとなってい
る。

　また，美術品は高価ではあるが，かさばらず移動が容易であり，しか
もその鑑定や評価の困難性のゆえに，価値評価面における振幅度が大き
い。このため，美術品は，これまで逋税や裏金作りによく利用されてき
た。

　本章では，美術品をめぐる税の問題や美術品と不正取引との関わりに
ついて述べることにする。

第1節　美術品と減価償却資産

　「時の経過により価値の減少しない資産」は減価償却資産としないの
が，法人税法や所得税法の基本である。

　したがって，土地は減価償却資産ではないのは明白であるが，絵画等
の美術品についてはその線引きは，必ずしも明瞭ではない。

　以前は，法人や個人が取得する美術品等の取得価額が1点20万円（絵
画については，号2万円）未満のものが減価償却資産として取り扱わ
れ，その額について損金算入または経費算入が認められていた。ただ
し，時の経過により価値減少しないことが明らかな美術品等や歴史的価
値または希少価値があって代替性を有しない古美術品等，あるいは美術
名鑑などに登載されている作家の作品については減価償却の適用は除外
されていた。

　2014（平成26）年12月に一部改正された「法人税基本通達」第7章
「減価償却資産の償却等」第1節第1款，および同年同月に一部改正さ

第4章　美術品と税

れた「所得税基本通達」第2条によれば，2015（平成27）年1月1日以後に法人や個人が取得する美術品等については，取得価額が1点100万円未満のものについては減価償却資産として取り扱われることになった。ただし，時の経過により価値減少しないことが明らかな美術品等や歴史的価値または希少価値があって代替性を有しない古美術品等については減価償却の適用は除外される。また，美術名鑑等に登載されている作家の作品については減価償却の適用を除外するという措置はなくなった[1]。これにより，要件に該当する美術品等の償却費は，その全額が損金算入または経費算入することが可能となった。

なお，減価償却資産扱いとなった場合，それらの合計額が改正により従来よりも増大してくる。その場合，一定額を超えれば，固定資産税の課税対象となってくるので注意が必要である。

図表4-1　美術品等の減価償却方法

美術品等の取得日	原則的取扱い	平27.1.1に取得したものとみなす場合の取扱い
平19.3.31以前	旧定額法又は旧定率法	定額法又は200％定率法
平19.4.1〜平24.3.31	定額法又は250％定率法	平27.1.1現在，中小企業者等に該当する法人にあっては，30万円未満の美術品等について一括償却可（措法67の5）（注）一事業年度当たり300万円の上限あり
平24.4.1以後	定額法又は200％定率法	

（出所）国税庁：「美術品等についての減価償却資産の判定に関するFAQ」から転載

47

第2節　美術品と所得税・法人税

　個人事業者が事業として美術品を販売するときには，美術品の売上収入は営業収入として，それから経費や各種の所得控除などを差し引いたものが事業所得として算定され，それに対して所得税が賦課される。画商や画廊が，個人事業者として日々関わる美術品取引から生じる所得は，事業所得である。

　また，事業者が法人の場合には，事業として販売した美術品の売上収入は営業収入として，それから各種の費用を差し引いた最終的な利益である課税所得に対して法人税が賦課される。

　商品の会計処理を3分法や5分法で行っているときには，会計期末に在庫品となった販売目的の美術品は棚卸資産として処理される。したがって，それらの美術品は商品であるから，減価償却の対象となることはないが，その市場価値が変動しているときには，取得原価と正味売却価格を比較して低いほうの価格で評価する低価法が適用されることになる。

　美術品の特性から考えて，事業者が販売目的で仕入れた美術品を，店の事務所や応接室などに展示用を兼ねて備品として据え置いているような場合がある。このようなときには，その美術品は商品としてではなく，備品として取り扱うことを国税庁は指示している。この場合，その美術品が100万円未満のときには，減価償却資産として償却部分は経費もしくは損金として処理することが可能となる。また，その美術品は償却資産として固定資産税の課税対象となる。

　しかし現実には，このような事態が生じたときには，事業者は，その美術品を備品としてではなく，商品として取り扱うことになるのが一般

的であろう。このように，美術品においては，商品か備品かの区分は，実際は必ずしも明確なものではなく，曖昧模糊としているのである。

第3節　美術品と譲渡所得

　1個または1組の金額が30万円以下の書画，骨董および美術工芸品の譲渡による所得については，生活用動産と見なされ非課税扱いである。しかし，30万円を超える場合には，その譲渡により生じる所得は，譲渡所得として課税されることになる。

　美術品の譲渡所得額は，次の式により算定される。

　収入総額−取得費用−譲渡費用−特別控除額＝譲渡所得額
　　　　　　※　特別控除額は，現時点では50万円である。

　取得費用は，購入代価に購入手数料などを含めた額である。

　譲渡費用は，美術品の仲介手数料や売主負担の発送費用などからなる。

　なお，美術品が減価償却資産扱いになっている場合には，美術品の減価償却費の累計額を収入総額から差し引かなければならない。

　美術品の場合には，先祖代々相続してきたなどの理由から，取得費用が不明なことがある。この場合には，取得費用は，概算取得費用で算定することになる（租税特別措置法第31条の4）。

　概算取得費用＝売上収入金額×5％

また，取得費用が判明しているときでも，その取得費用が概算取得費用を下回っている場合には，概算取得費用をもって取得費用とすることになっている。

　概算取得費用は，よほどの古美術品でもないかぎり，現実の取得費用よりも低いのが通常である。

(計算例)

　買い入れてから10年以上保有してきた美術品を2,000万円で売却した。しかし，取得費用が不明なため，概算法により算定した。
　譲渡費用は30万円，本美術品は非減価償却資産である。

$$譲渡所得：2,000 - (2,000 \times 0.05) - 30 - 50 = 1,820万円$$

　長期譲渡所得となるので，所得額1,820万円の1/2の910万円が課税対象となる。

　美術品の譲渡所得は，土地や建物と異なり分離課税ではなく，総合課税される。この場合，譲渡年の1月1日において5年以下の期間保有していた美術品を譲渡したときには，その所得は短期譲渡所得として処理される。これに対し，譲渡年の1月1日において5年を超える期間保有していた美術品を譲渡したときには，その所得は長期譲渡所得として処理される。短期，長期にかかわりなく，美術品や骨董品については総合課税となる。

　短期譲渡所得についてはその全額が総合課税対象となるが，長期譲渡所得についてはその半額についてのみ総合課税対象となる。

第4節　美術品と相続税

　美術品や骨董品の相続税法上の価値評価については，国税庁の「財産評価基本通達」の「第6章　動産・第4節　書画骨とう品」において，次のように規定されている。

　「書画骨とう品の評価は，次に掲げる区分に従い，それぞれ次に掲げるところによる。
（1）　書画骨とう品で書画骨とう品の販売業者が有するものの価額は，133《たな卸商品等の評価》の定めによって評価する。
（2）　（1）に掲げる書画骨とう品以外の書画骨とう品の価額は，売買実例価額，精通者意見価格等を参酌して評価する。」

　この規定の（2）で，精通者とは，美術品や骨董品の鑑定家や美術商などの専門家のことである。また，意見価格等とは，そのような専門家によって提示された評価額とか美術名鑑などに記載されている評価額のことである。

　つまり，事業としての販売目的以外に所有している書画骨とう品については，実際の売買価格もしくは専門家や美術名鑑などで提示された価格で評価することを国税庁は勧めているのである。

　美術品の鑑定費用は結構高額であり，そのため美術品の評価額よりも鑑定費用の方が高くつくというような場合も生じうる。そのような事情もあって，美術品の価格が50〜60万円ぐらいのものであれば，耐久消費財等の家財と一緒に家財一式という形で相続税申告することが社会通念上容認されている。なお，鑑定費用は，相続税計算上の控除項目とは見

なされていない。

　高額の相続税が発生するときには，納税者の便宜を考えて物納という制度がある。

　相続税の物納については，その納付順位が定められていて，美術品等については動産としての扱いとなる。ちなみに，物納の第1順位は国債や地方債などの公的な有価証券と土地，建物等の不動産及び船舶，第2順位は株式や社債などの民間の有価証券，第3順位は動産となっている。したがって，納税者が第1順位や第2順位の財産を多く保有しているときには，美術品等が物納財産として納付される可能性は低くなる。ただし，例外的措置として，美術品や骨董品が文化庁に登録される国宝や重要文化財に該当するような場合には，それらの美術品等は国がその評価額を査定し，最優先で物納することができるが，このようなケースはこれまでほとんどないのが実情である。

　相続した美術品等が高額にのぼり，相続税の支払いに困難をきたす際は，次のような方策が採用可能である。

（1）　美術品等を物納する。
（2）　美術品等を第三者に売却し，その収入で税を支払う。
（3）　国や地方公共団体が所有する公的な美術館に美術品等を寄贈する。これにより，寄贈された美術品等は非課税扱いとなる。
（4）　公益社団法人もしくは公益財団法人の私立美術館を設立しておいて，そこに，相続または遺贈により取得した美術品等を一括寄贈する。この場合，寄贈された美術品等が非課税扱いとなる可能性はほとんどないが，寄贈者にとっても，また受贈者である私立美術館にとっても，美術品等に課される固定資産税からは課税を免れることになる。

第4章　美術品と税

第5節　美術品と固定資産税

　本章の第1節で述べたように，美術品についての減価償却資産の範囲が2014（平成26）年12月に一部改正されたことにより，平成27年度固定資産税（償却資産）の申告から美術品に関する取扱いが**図表4-2**のように変更となった。

　美術品についての減価償却資産の範囲の改正に伴い，美術品に関わる固定資産税の取扱いがどのように変更になったかをフローチャートで示せば，次頁の**図表4-3**のようになる。

　なお，美術品が100万円未満であっても，歴史的価値や希少価値を有し代替性がないものについては，非減価償却資産扱いとなる。

　また，美術品の取得時期が平成27年1月1日よりも前の場合には，美術品の取得価額が100万円未満であっても，減価償却資産扱いとしない

図表4-2　減価償却資産となる100万円未満の美術品等の平成27年度
固定資産税（償却資産）の申告について

（減価償却資産として取り扱う）美術品等の取得時期	事業者	申告要否	
平成27年1月1日	個人事業者＋全法人	申告必要	
平成27年1月1日前	個人事業者＋12月決算法人	減価償却資産として取り扱う場合	
		申告必要	
		上記以外の場合	
		申告不要	

（出所）主税局（平成27年2月16日付）

図表4-3 平成27年度以降の固定資産税（償却資産）における申告の要否
〔美術品取得時期が平成27年1月1日以降の場合〕

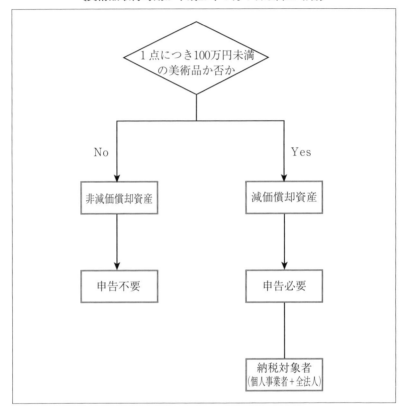

場合には固定資産税申告は不要となる。

第4章　美術品と税

第6節　美術品と不正取引

　美術品取引においては，取引事実を隠蔽または操作することが時折見受けられる。

　ここでは，このような隠蔽・操作の問題を，次の3つの局面に分けて考察する。

〔1〕　取引金額を実際の金額よりも大きく偽装する場合
〔2〕　取引金額を実際の金額よりも小さく偽装する場合
〔3〕　取引そのものの事実を隠蔽する場合

〔1〕　取引金額を実際の金額よりも大きく偽装する場合

　この場合には，実際の金額よりも大きく見せかけた差額分だけ売手側の譲渡益（利益が出る場合）が膨らむため，売手側にとっては税負担が重くなる。反面，買手側にとっては，取得価額が差額分だけ多めに計上される結果，美術品を転売したときの譲渡益がその分だけ圧縮され，税負担が軽くなる。したがって，売手側が損をし，買手側を益する結果となる。

　〔1〕のような偽装が行われるのは，買手側が取引交渉において優位な立場にあるような場合である。たとえば，売手側が資金調達のために美術品を売り急いでいるようなときには，買手側の強い要望によって，このような偽装が行われがちである。あるいは，売手側に一定の報酬を与えるという条件で，裏金の捻出のために買手側によりこのような偽装が行われる場合など，さまざまなケースが想定できるであろう。

55

〔1〕の場合には，売手側にとっては実際受領額よりも売却価額が大きくなるために，売手側が個人でなく会社などの場合には，その差額分を偽装処理するための資金捻出が必要になる。その場合，その捻出の方法は，他の収益項目を削除したり，あるいは他の収益項目の金額を少なめに計上したりすることにより，または費用の架空計上や水増しなどの方法により行われることになるであろう。あるいは，〔1〕のような偽装が買手側からの報酬を伴う依頼による場合には，この報酬を差額分に補填することによって資金捻出の一端とすることも可能となる。もちろん，これらの方法の他にも，さまざまな捻出方法が想定できる。

次に，買手側にとっては，実際支払額よりも取得価額が大きくなるために，その差額分に相当する裏金が生じることになる。そして，この裏金部分は，買手側が当該美術品を転売した時には，課税面から逸脱するために，逋脱資金を構成することになる。

図表4-4の仮設例では，美術品の実際取得価額は2億5千万円であるが，買手側の依頼によってその取得価額が3億円に偽装されたとする。

この場合，買手側がこの美術品を第三者に4億円で転売したとすると，買手側にとっての譲渡益は外見上は1億円（4億円-3億円）となる。

しかし，実際には，買手側は1億5千万円（4億円-2億5千万円）の譲渡益をあげているので，両者の譲渡益の差額5千万円（1億5千万円-1億円）が隠蔽され，買手側にとっては税負担が軽減される。しかし，これは意図的な逋脱行為であって，所得税法違反である。

ここで，裏金を捻出するために買手側の依嘱により〔1〕の類型のような偽装が行われた著名なケースとしては，A証券・B銀行事件がある[2]。

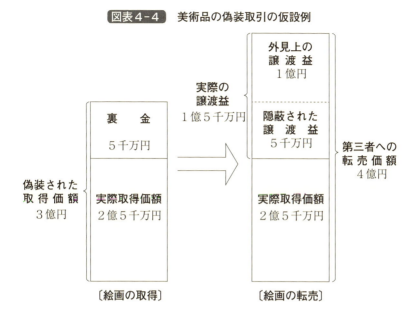

図表4-4　美術品の偽装取引の仮設例

　本事件は，1997年に発覚したA証券による総会屋への3億2千万円の利益供与を発端に，B銀行による当該総会屋への不正融資の露顕へと波及した一大金融スキャンダルである。事件の中心人物の総会屋はもちろんのこと，A証券の社長，常務，B銀行の頭取，副頭取などの要職にある人々が相次いで逮捕され，わが国の金融界，産業界に大きなショックを与えた。
　この事件において発端となったA証券による総会屋への利益供与の裏金を捻出するために偽装された取引が，絵画取引であった。

〔2〕 取引金額を実際の金額よりも小さく偽装する場合

　次に，このケースの場合には，前述の〔1〕の場合とは逆に，売手側の譲渡益が圧縮されて，売手側にとっては税負担が軽減される。反面，買手側にとっては，取得価額が差額分だけ少なく計上される結果，美術品を転売した時の譲渡益がその分だけ増加し，税負担が増大する。したがって，〔2〕の場合には，〔1〕の場合とは逆に，買手側が損をし，売手側を益する結果となる。

　〔2〕のような偽装が行われるのは，売手側が取引交渉において優位な立場にあるような場合である。たとえば，買手側が当該美術品を非常に欲しているようなときには，美術品の特性上，代替が利かない場合がほとんどであるから，売手側が強い立場に立つ。このようなときには，売手側の要望により，このような偽装が強要されることがある。あるいは，買手側に一定の報酬を与えるという条件で，裏金の捻出のために売手側によりこのような偽装が行われる場合など，さまざまなケースが想定できるであろう。

　〔2〕の場合には，売手側にとっては実際受領額よりも売却価額が小さくなるために，その差額分に相当する裏金が生じることになる。この裏金部分は，売手側の譲渡益をその分だけ圧縮する。そして，この圧縮された譲渡益は当然に課税面から逸脱するために，逋税資金を構成することになる。

　次に，買手側にとっては，実際支払額よりも取得価額が小さくなるために，買手側が個人ではなく会社などの場合には，その差額分を偽装処理するための資金捻出が必要になるであろう。その場合，その捻出方法は，〔1〕のケースの売手側の場合と同様，他の収益項目の削除や他の収益項目の金額の過小計上などにより，あるいは費用の架空計上や水増

第4章　美術品と税

し，使途不明金の計上などにより，または偽装処理が売手側からの報酬を伴う依頼によるときは，その報酬を補填することにより行われることになるであろう。もちろん，これらの方法以外にも，さまざまな捻出方法が考案されることになる。

〔3〕　取引そのものの事実を隠蔽する場合

最後に，このケースのような取引事実の隠蔽とは，実際には取引が行われ売買代金が授受されているにもかかわらず，その事実を抹消し外部から遮断することをいう。

したがって，売手側にとっては，隠蔽された資金は裏金を形成し，また譲渡益が出る場合には課税を免れるため逋税行為を生むことになる。また，買手側にとっては，隠蔽した支出金額の帳尻を合わせるために，費用を架空計上または水増し計上したり，あるいは使途不明金として処理したりするなどの会計操作が必要となってくる。

〔3〕のような偽装が行われるのは，売手側の場合には，美術品を放出することによる名誉の失墜を食い止めるためとか，譲渡益への課税逃れのためとか，あるいは裏金の捻出のためといったようなさまざまな動機が想定できる。また，このような偽装動機を買手側に限定すれば，買い入れた美術品の鑑賞を落ち着いて行うために入手事実を世間に知られたくないとか，相続税を抑制するためとか，あるいは裏金の捻出のためとかというように，売手側の場合と同様，さまざまな動機を想定することができる。

以上，美術品取引の操作と隠蔽の態様を3つの局面に分けて見てきたが，いずれのケースも，税法のような実定法に抵触するばかりか，虚偽

59

の会計報告を生むことにより真実性の原則に違背することになる。

　なお，上述した3つの局面には該当しないが，次のようなことが行われることがある。つまり，取引事実を明示し，かつ取引金額の操作をしなかった場合でも，買手側が代金の支払先，つまり売手の氏名や組織名を明らかにしない場合がある。このような時には，買手側の支払代金は，税務上，使途不明金として取り扱われることになる。その結果，使途不明金として処理された金額については，その全額に課税が行われ，時によっては重加算税が追徴される場合も生じうるのである。

〔4〕　不正取引を誘発する，美術品に固有の特徴

　これまで述べてきたような事象は，もちろん，美術品以外の他の物品にも起こりうるものであるが，美術品の場合には，特にこのような事象が容易に生じうる点にその特徴がある。

　たとえば，不動産の場合には，取引事実の操作は可能であっても，登記制度があるために，取引事実そのものの隠蔽は非常に制約されることになる。また，株式の場合には，それが記名株式であれば株主原簿があるために，取引事実の隠蔽には相当程度の制約が伴うことになる。

　これに対し，美術品の場合には，登記制度や所有者原簿のようなものはないために，比較的容易に取引事実の操作や隠蔽が起こりうるのである。もちろん，非常に有名な美術品となると，例外的に，取引事実の隠蔽はかなり制約されることになるであろう。

　いずれにせよ，美術品取引における操作，隠蔽の問題は，結果的には，財務諸表の虚偽表示という会計操作に関わってくる。したがって，それは，次のような問題を派生させることになる。

① 財務諸表利用者に虚偽情報を伝達することになり，利用者の意思決定に重大な影響を及ぼすことになる。
② 当該企業と取引のある関係者に損害や迷惑を及ぼすかもしれない。
③ 会計操作をしていない企業に対し，道義的かつ法律的，経済的にも衡平性を欠くことになる。

①と③は虚偽表示がもたらす影響を一般論的に述べたものである。②については，美術品取引との関連で生じうるケースを指摘するとすれば，次のような例をあげることができよう。

たとえば，〔1〕の局面のように，実際には3億円で取得した美術品を，買手側がその取得時に貸借対照表に5億円と過大表示すれば，当該美術品を売却した関係者に税務面などさまざまな側面で迷惑をかけることになるかもしれない。

あるいは，〔2〕の局面のように，買手側が取得価額よりも少ない金額で貸借対照表に計上した美術品を第三者に相応の価額で売却した場合には，その第三者は外形的には高めの価額で美術品を取得したような印象を世間に与えることになるであろう。このような場合には，その第三者による美術品の取得に対して，なにがしかの批判が生じるかもしれない。

美術品取引は，美術品における評価の困難性や市場の狭隘性などに乗じて悪用されることが往々にして見受けられる。しかし，それは犯罪を構成し，しかも企業にとっては財務諸表の虚偽表示となって利害関係者にさまざまな負の影響を及ぼすものである。

また，美術品の贋造や盗取は，マネーロンダリングやコンピュータ犯罪，麻薬取引，テロリズムなど諸々の犯罪と相互にオーバーラップしている。なぜなら，これらの犯罪をビジネスとして組織化するプロの犯罪

者たちは，ただ1つの犯罪に特化することはあまりなく，同時に複数の犯罪に関わることが一般的だからである[3]。たとえば，テロリズムや麻薬取引の資金調達のために美術品の贋造や盗取が行われたりすることは，往々にしてあり得ることである。

　美術品取引の公明性を高めるためには，取引関係者の遵法意識や潔癖性などの私的資質に負うところが大きいが，高額美術品の登録制度のような社会制度的枠組みを確立することも必要である。

　さらに，贋作を見抜く科学的技法の研究者の育成やそれに対する補助・助成体制の強化，複合的犯罪に対する国際連携などの広範な対策が必要となる。

◆注————————

1　今回の改正によって，美術品等に対する減価償却資産の判定基準から美術名鑑等への登載要件が外されたのは，至極当然のことと思われる。

　　美術市場の性格から考えて，作品の市場価値は変動しやすいものであり，一時的なブームに乗った作家の作品群が大きく値下がりするというようなことはよくあることである。

　　また，美術名鑑等に登載された作家の芸術的力量と作品の評価額が適切な相関関係にあるかどうかは，短期的には見定めることが困難である。

　　したがって，このような点からすれば，美術名鑑等への登載を減価償却資産の判定基準とすること自体，もともと無理があったといえよう。

2　その取引の仕組みは，朝日新聞によって詳細に報じられている。

　『朝日新聞（朝刊）』1997年6月22日付。

3　Freemantle, B., *The Octopus: Europe in the Grip of Organized Crime (vol.1)*, Orion Books Ltd., 1995.

　新庄哲夫訳『ユーロマフィア（上巻）』新潮社，2001年，29-30ページ。

第5章

美術館における経営上の課題

第1節　美術館の財務分析

第2節　経営上の課題

第3節　経営上の課題への対応策

1986（昭和61）年末から1990年代初頭にかけてのバブル経済の時代における美術ブーム[1]を境に，美術展や美術館[2]への入館者数は総数としては増加しているが（**図表5-1**），1館あたりの入館者数は，館数が増えたことにより，減少の一途をたどっている（**図表5-2**）。それは，必然的に，館単位で見れば，入館料収入や展観収入の減少をもたらし，新たな美術展の開催を困難にし，美術館の存立そのものを危うくする。そして，そのことは，多くの芸術家や美術館関係者の生活基盤を破壊するとともに，芸術活動そのものを衰退させていく。この意味で，美術館や美術展への入場者を増やしていくことは，収入確保だけでなく，芸術活動の活性化にとっても喫緊の課題である。

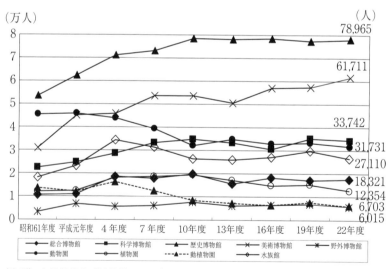

図表5-1　博物館への入館者総数の推移

（出所）文部科学省「博物館への入館者総数の推移：（出典）社会教育調査」から転載
　　　　http://www.mext.go.jp/a_menu/01_l/08052911/1313126.htm（2015.8.18.）

第5章　美術館における経営上の課題

図表5-2　博物館への1館あたり入館者数の推移

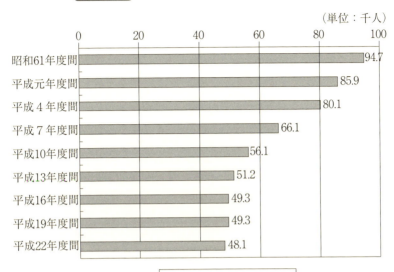

（出所）文部科学省「博物館への1館あたり入館者の推移：（出典）社会教育調査」から転載　http://www.mext.go.jp/a_menu/01_1/08052911/1313126.htm（2015.8.18.）

　本章では，美術展や美術館における経営上の問題に議論の焦点を当てる。このような議論は，一般的には，アート・マネジメント（art management）とよばれたり，また，その市場の開発や市場戦略的な側面はアート・マーケティング（art marketing）とよばれたりする。ここでは，特に，これらの明確な境界分けはせず，これらの領域を全体的にカバーする概括的な議論を試みることにする。

第1節　美術館の財務分析

　日本における美術館の収支状況の統計に関しては，静岡文化芸術大学の文化・芸術研究センターが公表している SUAC 芸術経営統計（SUAC Arts Organizations Census of Japan）がある。なお，SUAC とは，Shizuoka University of Art and Culture の頭文字をとった略称である。

　この統計は，平成25年から平成24年度調査という形で第1回調査が実施されている。以後，3年ごとに統計調査が実施される予定となっている。

　平成24年度調査によれば，**図表5-3**に示されているように，美術館における入館料などの事業収入は総収入のうち2割弱を占めている。これに対し，美術館設置者や親会社からの資金提供である一般財源は，総収入の7割強を占めている。米国などの美術館では，総収入のうち寄付や会費収入の占める比率が高い。これに対して，日本では寄付や会費収入はごくわずかであるから，美術館設置者や親会社からの資金提供や入館料収入にほとんど全面的に依存せざるをえない状況にある。

　このように，公的美術館や企業美術館などの民間美術館においては，美術館が稼得する事業収入だけでは，館を存続，維持することは到底，困難な状況にある。

　しかし，設置者や親会社に一方的に資金提供を依存することには，限界がある。したがって，美術館を効率的に運営していくには，自助努力として事業収入の増収と費用の節減が重要なポイントとなってくる。

　美術館の支出面においては，**図表5-4**に示されているように，総支出のうち人件費が2割強を占めている。これに対し，物件費は，総支出の7割強を占めている。

図表5-3　美術館 収入額（総額，平均値，中央値）運営形態別

単位：千円
One thousand yen

	直営 Direct management 総額 Total	指定管理 Designated administration 総額 Total	直営 Direct management 平均値※1 Average※1	指定管理 Designated administration 平均値※1 Average※1	直営 Direct management 中央値 Median	指定管理 Designated administration 中央値 Median
回答団体数（Number of samples）	108	27	108	27	108	27
総収入額（Total revenue）	14,087,576	4,558,138	130,441	168,820	89,191	119,235
一般財源（General income）	10,452,300	—	96,781	—	59,324	—
事業収入（Sales）	2,406,082	463,735	22,279	17,836	11,777	9,597
入館料（Admission）	1,146,682	199,381	10,717	7,669	5,108	3,608
貸館の利用料金（Space rental）	208,740	39,783	1,951	1,530	52	0
物品販売収益（Other goods and services）	294,789	179,190	2,755	6,892	456	1,205
その他の事業収入（Other business income）	756,138	45,381	7,067	1,745	769	537
利用料金（利用料金制度をとっている場合）（Usage fee（In case, adopt utilization rate system））	–	173,792	–	6,437		0
指定管理料（Designated administration fee）	–	3,322,187	–	123,044		81,523
補助金・助成金（公的支援・民間支援）（Public and private subsidy）	383,465	52,322	3,687	2,180		115
公的支援（Public subsidy）	348,448	34,490	3,350	1,437	0	0
国 文化庁・基金（National government Grant from Agency for Cultural Affairs）	68,839	28,107	668	1,171	0	0
その他の国からの支援（Others grant from national government）	56,076	0	2,379	0	0	0
地方公共団体（Local government）	223,533	6,383	2,170	266	0	0
うち公募（Public offering）	4,305	0	42	0	0	0
民間支援（Private subsidy）	35,017	17,832	340	743	0	0
助成財団（Foundation）	33,417	13,959	324	582	0	0
うち公募（Public offering）	24,247	5,975	235	249	0	0
一般企業（Profit corporation）	1,600	3,873	16	161	0	0
うち公募（Public offering）	0	500	0	21	0	0
寄附金（Donation）	355,423	4,700	3,418	188	0	0
個人（Individual）	7,858	3,500	76	140	0	0
法人（Corporation）	347,565	1,200	3,310	48	0	0
会費（Membership fee）	16,600	7,799	161	300	0	0
個人（Individual）	12,780	4,199	123	162	0	0
法人（Corporation）	3,820	3,600	37	138	0	0
指定管理料以外の設置者からの収入（Other revenue from local government）	–	520,775	–	19,288		0
その他（Others）	473,706	12,828	4,386	475	0	0

※1　小数点第1位を四捨五入。
※1　Rounded to the first decimal place.
（出所）2012（平成24）年度 SUAC 芸術経営統計から転載

図表5-4 美術館 支出額（総額，平均値，中央値）運営形態別

単位：千円
One thousand yen

	直営 Direct management	指定管理 Designated administration	直営 Direct management	指定管理 Designated administration	直営 Direct management	指定管理 Designated administration
	総額 Total	総額 Total	平均値※1 Average※1	平均値※1 Average※1	中央値 Median	中央値 Median
回答団体数（Number of samples）	105	27	105	27	105	27
総支出額（Total expenditure）	15,274,241	5,631,851	145,469	208,587	90,661	135,759
人件費（Personnel expenditure）	4,150,716	1,564,378	39,911	57,940	24,571	33,596
物 件 費（Expenditure other than personnel expenditure）	11,123,525	4,067,473	105,938	150,647	68,899	101,789
管理部門（Administration expenditure）	6,213,452	1,985,420	60,916	73,534	33,285	59,536
事業部門（Production expenditure）	4,265,862	1,628,087	41,416	60,300	25,000	36,524
収蔵品等の購入費（Purchase expense for collections etc.）	284,471	20,373	2,709	755	0	0
その他（Others）	359,740	433,593	3,426	16,059	0	0

※1　小数点第1位を四捨五入。
※1　Rounded to the first decimal place.
（出所）2012（平成24）年度 SUAC 芸術経営統計から転載

　美術館が美術鑑賞の場であると同時に，美術品の収蔵庫としての役割を果たしていることからすれば，美術品の購入費や収蔵関連費などの物件費の比重が大きいのはある面で当然のことである。もし，物件費の比重が人件費に比して相対的に低すぎるような場合は，美術品の収蔵数や内容に問題が指摘される場合がある。

　購入する美術品の数や質を落とせば，物件費の主要部分は節減可能であるが，これは，美術館本来の役割を放擲することにもなりかねないので，このような経営策は賢明ではない。もちろん，美術品を他の美術館やコレクターなどから借り入れて，美術品の購入費を節減することは可能である。しかし，現在では，借入費用や運送費，損害保険料などが高額となっていて，購入により得られる美術品の資産価値の値上がりや他館への貸出料収入などを考えれば，借入のほうが購入に比して圧倒的に有利とは必ずしもいえない状況にある。

それゆえ，費用節減の方法としては，美術館の管理費用や人件費など
を節減していくことが有効な節減策ということになる。この，費用節減
面の分析については，第９章で述べることにする。

　地方自治体等の美術館設置者の所管先は，**図表５−５**によれば教育委
員会が約６割，首長部局が３割強である。これは，地方自治体において
は，美術館は地方文化行政や文化教育の一環として捉えられていること
から不自然なこととは思われないが，教育委員会は任期限付きの外部任
用委員が多いことから，館長などの管理職への横滑り人事の温床になり
かねない問題をはらんでいる。

　また，館長や副館長などの管理職に関しては，女性の任用が極めて少
ないのが特徴である。すなわち，**図表５−６**によれば，館長の回答数134
名のうち女性は５名，副館長の回答数142名のうち女性は14名である。
たとえば，女性のキュレーター数が312名であることからすれば，管理
職への女性の任用をもっと増加させるべきであろう。美術館などにおい
ては，館長などのトップ人事は，内部任用ではなく，外部任用によるこ
とが散見されるが，このようなことも管理職への女性の任用比率が低い

図表５−５　**美術館 設置者の所管先**

	件数	％※2
地方公共団体・一部事務組合，広域連合※1	120	100.0
教育委員会	74	61.7
首長部局	40	33.3
その他	6	5.0

※1　地方公共団体・一部事務組合，広域連合の合計は，未回答施設があるため図
　　　表５−６の数値と異なる。
※2　小数点第２位を四捨五入。
（出所）2012（平成24）年度 SUAC 芸術経営統計から転載

図表5-6 美術館 女性職員数（総数）職種別 雇用形態別

単位：件数，人
Numbers, persons

	回答数 Number of samples	総女性職員数 Total number of female employees	常勤 Full-time employees	非常勤 Part-time employees	パート・アルバイト Part-time employees (hourly wage)	協力会社からの派遣職員等 Employees from other organizations
総数（Total number of employees）	156	1,735	866	212	504	153
館長（President）	134	5	3	2	0	0
副館長（Vice president）	142	14	14	0	0	0
管理系（Administration）	140	284	216	36	29	3
事業系（Production）	141	521	420	57	42	2
うち学芸員職（Curator）	141	312	270	25	17	0
その他（Others）	143	829	167	114	410	138
複数業務担当（Multitasking employees）	14	82	46	3	23	10
うち学芸員職（Curator）	14	21	18	3	0	0

（出所）2012（平成24）年度 SUAC 芸術経営統計から転載

ことにかなり影響しているものと考えられる。

第2節　経営上の課題

　アート・マーケティングを考える際には，その対象を措定することが必要となる。この対象の措定化において参考となるのが，ブランドが関与する対象を簡潔に図示したイアイン・エルウッド（Iain Ellwood）に

よる次の**図表5-7**である。美術館の場合も，その組織を表徴する名称やロゴは特定のブランドやトレードマークであると考えれば，この図で描かれた内容は，美術館にもほぼ適用できるものと考えてよいであろう。

　図表5-7は，われわれが修正する前の原図では，ブランドを中核とするコミュニケーション・チャネルとそのチャネルの対象となる主要なステークホルダーとの関係を表したものであった[3]。ここでは，その原図を，図の中心部のブランドを美術館に，提供する生産物をサービスに置き換えて修正し，図表5-7として提示している。

図表5-7　**コミュニケーション・チャネルと主要な聴衆**

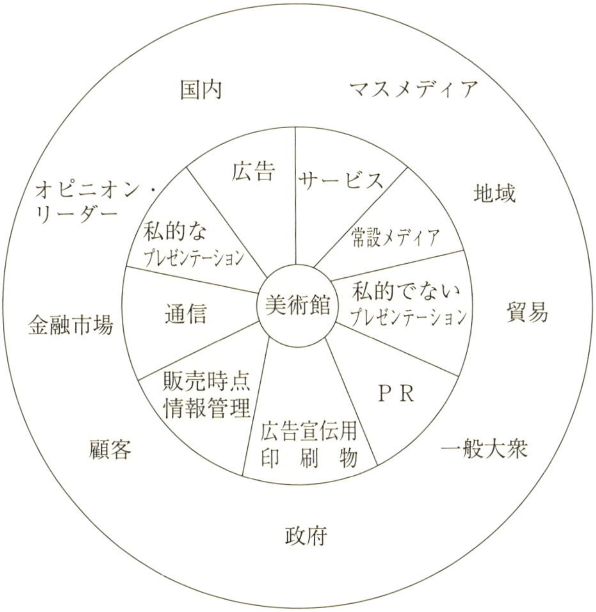

国内　　マスメディア
オピニオン・リーダー
広告　　サービス
地域
私的な プレゼンテーション
常設メディア
金融市場
通信　美術館　私的でない プレゼンテーション
貿易
販売時点 情報管理
ＰＲ
顧客
広告宣伝用 印　刷　物
一般大衆
政府

（出所）Ellwood, Iain., *The Essential Brand Book over 100 Techniques to Increase Brand Value*, Kogan Page Limited, 2000, p.15の図を筆者が一部修正の上，転載

たとえば，美術館が一般大衆向けにアート[4]を提供しようとする場合
は，一般大衆に受け入れられるような作品群の選定とか，一般大衆に理
解しやすいように作品のコンスタレーション（constellation）を行った
り，さらには受入れ可能な入場料金の設定をすることなどが必要となっ
てくる。

　これらの要素を効果的に組み合わせることにより，その展観は，美術
館として機能的にも経営的にも一定の成果を得られることにつながるの
である。アート・マネジメントやアート・マーケティングでは，これら
の要素を総合的視野から時間的かつコスト的に効率よく配置することに
なる。そこで，このような視点から，美術館における経営上の課題に焦
点を当て，その問題点と解決法を探ることにする。

　美術館を含めて博物館の組織としての要件は，次の事柄がすべて満た
されることが必要とされている[5]。

（1）　オリジナルな資料（実物を含む－筆者加筆）を収蔵（飼育を含む）
　　　していること。
（2）　継続的な展示施設・設備を備えていること。
（3）　職員による独自な公共的運営がなされていること。
（4）　継続的な一般公開を目的としていること。

　このような要件を前提に，美術館や美術展への入場者数を増やす方策
として考えられるものとしては，次のようなものがある。

---

①　有名作品や有名作家の作品を展示する。

②　人を引きつけるテーマ性を持ったアピール度の高い展示を企画する。

③　美術館や美術展のロケーションとして至便な場所を選ぶ。

④　一定の設備や装置を備えた美術館であること。そして，それらが機能していること。

⑤　美術館の建物や内装を，芸術的に見ても人々の印象に残るようなアピール度の高いものにする[6]。

⑥　広告宣伝に努める。

⑦　入館料，入場料を低価格にする。できれば，無料にする。

⑧　いくつかの美術館が共同で共通入場券を発行したり，あるいは共通入場券の有効期間を5日とか1週間のように一定期間にわたって通用するように設定する。

⑨　賛助会員を募る。

これらがすべて満たされれば，一定数の入場者を予定することができるであろう。しかし，一般的には，これらがすべて満たされることはほとんどないであろう。そのために，アート・マネジメントやアート・マーケティングの役割の必要性が生じてくるのである。

第3節　経営上の課題への対応策

〔1〕　対応策の基本的な考え方

入場者数と利益総額（または損失総額）との関係を図示すれば，**図表5-8**のようになる。

Ⅰを利益線，Ⅱを損失線とする。

図表5-8　入場者数と損益の関係

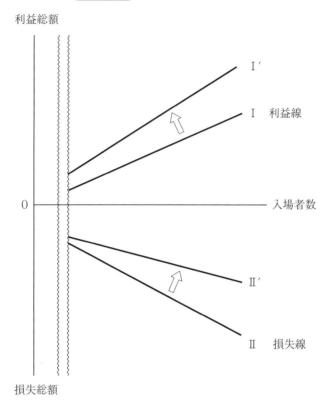

　入館料や入場料などの料金が有料の場合には，通常は，Ⅰのような軌跡を描くことになる。これに対し，料金が無料の場合には，入場者数の増加に伴ってスタッフ費用や水道光熱費などの諸経費が増加して，通常は，Ⅱのような軌跡を描くことになる。
　この利益線ⅠをⅠ′に，あるいは損失線ⅡをⅡ′に移行させるには，次のような方策が必要となる。

> A．美術展や美術館の作品図録の売上や併設するミュージアム・ショップの売上による利益の確保
>
> B．作品解説機器などの有料レンタルによる利益の確保
>
> C．併設する喫茶店やレストランの売上による利益の確保
>
> D．賛助会員からの会費徴収による利益の確保
>
> E．民間寄付や各種補助金の獲得
>
> F．公的美術館などの場合は，命名権を売り渡したり，リースすることにより一定の収入を得ることができる（これについては，第6章で詳述する）。

　財務的に見れば，美術館を存続させていくためには，公的美術館の場合は国や地方自治体からの財政支援，企業美術館の場合は親会社からの財政支援がなければ，その存続は困難である。しかし，現実には，景気状況や国，地方自治体および企業などの財政状態を見れば，潤沢な財政支援を期待するには無理がある。

　したがって，美術館を維持・存続させていくには，美術館自身が一定の収入を確保し，剰余（利益）を稼得していくことが必須の要件となってくる。

　アート・マネジメントやアート・マーケティングにおいては，イベントの継続や組織の存続を第一義に考えていかなければならない。これらの手法の存在意義は，まさにこの点にあるといってよいであろう。そこで次に，上記のA～Eの方策について，そのあり方を検討することにしたい。

〔2〕 民間企業との共同運営によるメリット・デメリット

　ミュージアム・ショップ[7]や喫茶店，レストランなどの経営を美術館が自ら行うのも1つの方法であるが，状況によっては民間の会社との共同運営も有効な場合がある。某市の市立図書館が某レンタルビデオ会社と共同で図書館のサービス業務を行っているが，このような運営形態も美術館のこれからの経営を考えていくときに有用な示唆を与えてくれると思われる[8]。

　民間企業との共同運営によるメリットとしては多くのものが考えられるが，それは，おおよそ次のような点に集約できるであろう。

① **人件費の節減**
　美術館自らがミュージアム・ショップやレストランなどの経営を行うときには，商品や食材の仕入，店舗の内装，あるいは人材の確保から人事管理などのすべてを美術館が背負うことになる。そこで，このような業務を外部の民間企業に委ねることによって，このような一連の業務から解放されることになる。特に，人材確保や人事管理面の負担を軽減することができるのは，美術館にとってコスト面でも時間面でも大きなメリットと考えられる。

　もちろん，ミュージアム・ショップやレストランなどの経営に美術館が関与する度合いは一様ではないが，一般的には，かなりの部分を民間企業に委託することができるものと考えられる。

② **民間企業の営業サービスと美術館のアート提供サービスとの融合による付加価値の創造**
　美術館の本来的業務であるアート提供サービスに民間企業が提供する

第5章　美術館における経営上の課題

商業サービスを組み合わせることにより，入場者のサービス享受の利便性が高まる。

　たとえば，賛助会員向けの入館カードにクレジット・カード機能や提携企業の商業サービス機能を付加することによって，入館カードのサービス機能を飛躍的に拡充することが可能となる。

③　民間企業の経営スタイルを導入することによる効率化の促進

　民間企業の経営スタイルを取り入れることによって，さまざまな局面で効率化が促進される。

　他方，民間企業との共同運営によるデメリットも派生する。

　効率的経営を追い求めるあまり，入場者数の増加や利益確保を第一義的に考えすぎて，新進作家の作品やマイナーな作品群などの展示を回避するようになれば，長期的には芸術活動そのものの衰退を招くことになるであろう。

　それゆえ，このような事態を招来しないようにするには，美術館の本来的業務のアート提供機能については美術館が主体的に関わっていくという姿勢が必要となる。民間企業との共同運営は，あくまでも美術館の付随的領域にとどめ置くようにしなければならない。伊藤寿朗氏も，民間委託の問題も含めて合理化との関係でいえば，博物館（当然，美術館も含む）には専門の職員がいることが絶対的な要件であると述べられている[9]。

　また，美術館にとっては付随的領域であるミュージアム・ショップやレストランなどが人で溢れているのに対し，本元の美術館の方には入場者がまばらであるというような本末転倒の状況が生じる可能性もある[10]。このような状況を改善するには相当な困難が伴うと思われるが，

77

美術館の本来的業務と付随的領域との適切な連携性を模索する努力を重ねるしか有効な方法はないであろう。

さらに，民間企業との連携によって，入場者や賛助会員の個人情報の管理が杜撰になる可能性が増すかもしれないので，このことに対しどのように対処するかといった問題が生じてくる。

このようなさまざまなデメリットを克服していくことが，これからの美術館運営にとっては重要な課題となるのである。

〔3〕 中長期的課題

現在，美術館の多くは，財政的に苦しい状況にあり，その打開に向けて日々模索が続けられている。

経営的には，収入を増やすか，支出を減らすか，あるいは両方を同時に行うかしかないのであるから，その対処策を具体的に策定し，すみやかに実行に移すことが求められる。

収入を増やす方策としては，入館料収入を増加させることが美術館にとっては本道であるが，それを一時的ではなく，継続化させていくことは至難の業である。それゆえ，本節〔1〕で述べたような各様の付随的な方策を併用して，収入増を図ることが現実的となる。

また，企業美術館[11]や企業美術展などの場合には，企業からの支出を効率的に管理して，支出減を図ることが求められる。また，同時に，企業側においても，所有する企業美術館や美術展などへの支出を効率的に管理することが必要となる。

いずれにしても，いかなる美術館も，採算性を無視しては，その存続を図ることができないのであるから，美術館の経営的自立性を高める覚悟が必要となる。

第5章　美術館における経営上の課題

　美術館や博物館への公的補助や助成なども，現在の経済状況を反映してか，さほど伸びていない。また，民間からの寄付なども同様の状況にある。

　このような現況にあって，借り受けた美術品が展覧会において破損や盗難に遭ったとき，その損害の一部を国が補償する「展覧会における美術品損害の補償に関する法律」が2011（平成23）年［同年4月4日公布］に成立したことは美術館などにとっては朗報であった。

　最近では，美術品の高騰やそれに伴う損害保険料の引き上げなどによって，美術館の経済的負担が増大している。この負担をこのような立法措置によって少しでも軽減し美術品の展観を国内的に円滑化させていくことは，美術館だけでなく国民全体にとっても喜ばしいことである。

　さらに，国家的な課題として，美術館や美術界にとっては，国民の美術への理解や向き合い方を深めていくことが望まれるのであるが，これは美術館や美術界だけで対応するのには限界がある。このような大きな課題に取り組むには，国や地方自治体あるいは教育界等の協力が必須のものとなる。たとえば，このような課題の一端として，次のような点が指摘されている。

　メセナ活動を考える上で留意すべき点は，美術の受け手である多くの人々の美術への眼差しが，わが国においては，欧米の人々のそれとかなり異なっているのではなかろうかという指摘である。たとえば，このことを，梅村修氏は次のように述べられている。

　　「欧米では，芸術は水道の水と同じように，公共の福祉に役立つもの，医療や教育同様，なくてはならないものと考えられている。だから，美術館やアーティストに対して，多額の寄付や助成が行われ，そうした志に対しては手厚い免税措置がとられる。しかし，日本では，

79

芸術は趣味や娯楽の世界のもので，公的なものであるより個人的な嗜好の領域で語られることが多い。日本の芸術は『市民社会における個人の尊厳と自由を守る』ものではなく，『個人の生活を豊かに楽しくする』ものであり，自らの経済力相応の代価で購うものだった。趣味や娯楽はやりたいものが身銭を切って楽しめばよいもので，公的な支援の対象にはなりにくい。」12

　このように国民性や国民的気質の違いが，芸術に対するメセナ活動の根源的な規定因子としてあるとすれば，メセナ活動の飛躍的な向上をわが国において望むことは現実的ではないということになる。芸術に対するこのような向き合い方を変えていくには，家庭や学校での幼いときからの教育にその変革の力を求めていく地道な努力が必要なのである。

◆注―――――――――
1　美術館の開設は，バブル期以降にほとんど集中している。これは，バブル期における美術ブームや高揚的な土地収用などが大いに拍車をかけたものと推察されるが，館数の増加による館当たりの平均的な入館者数は減少傾向を示し，これが美術館の財政収支の不安定化をもたらしている大きな要因である。

第5章　美術館における経営上の課題

〈美術館開設年〉

	件数	％ [※1]
1889年以前	0	0.0
1890～1899年	1	0.6
1900～1909年	0	0.0
1910～1919年	0	0.0
1920～1929年	0	0.0
1930～1939年	1	0.6
1940～1949年	2	1.3
1950～1959年	6	3.8
1960～1969年	5	3.2
1970～1979年	25	15.9
1980 - 1989年	33	21.0
1990～1999年	54	34.4
2000年以後	30	19.1
合計	157	100.0

※1　小数点第2位を四捨五入。

（出所）2012（平成24）年度 SUAC 芸術経営統計から転載

2　博物館の一種であって，分類上の用語は美術博物館（Art Museum）であるが，以下においては，慣用的に用いられている美術館という用語を使用する。

3　Ellwood, Iain., *The Essential Brand Book over 100 Techniques to Increase Brand Value*, Kogan Page Limited, 2000, p.15.

4　アート（art）という用語は，欧米では通常はファイン・アート（fine art）を指すが，わが国では，この他にデザインやグラフィックなども含むより広汎な意味で使用することが多い。

5　伊藤寿朗著『市民のなかの博物館』吉川弘文館，1993年，5ページ。

6　この点については，次のような異論もある。

　つまり，今日では，地域の人々や異分野の人々あるいは外国の人々を結びつけるセンター的な役割が美術館には期待されている。そのためには，美術館は必ずしも閉鎖的な建築物である必要はなく，すべての人々に開放された野外美術館の形でもよいという意見もある。

7 日本のミュージアム・ショップの草分け的存在は，大阪の国立民族学博物館である。開設されたのは，1978（昭和53）年である。

8 これら図書館のケースと同様に，美術館の場合にもアメニティや利便性の充足と同時に，美術の質と量の充実がまず必要になる。

9 伊藤寿朗著『前掲書』131ページ。

10 辻 幸恵・梅村 修共著『アート・マーケティング』白桃書房，2008年，96-97ページ。

11 博物館法により認められた私立美術館は，国公立美術館と同じく，固定資産税，事業税などの租税が免除される。

12 辻 幸恵・梅村 修著『前掲書』103ページ。

第6章

美術館と命名権

第1節　命名権の意義

第2節　命名権の会計処理

第3節　無形資産評価における諸仮定

第4節　命名権の評価

第5節　評価法のまとめ

第6節　命名権をめぐる諸課題

第1節　命名権の意義

命名権（naming rights）は，それを経済・経営用語として用いるときには，通常は，建物や構築物などの施設の所有権から派生する権利を意味する。しかし，時には，野球チームなどの組織に対して生じることもある。

命名権によるネーミングの具体的内容としては，企業名を冠したものが主流である。たとえば，京セラドーム，ロームシアター京都などのように施設に企業名を冠したものが多い。

また，スポーツチームのような組織に企業名を冠したものもあるが，それほど多くはない。その要因としては，サッカーJリーグやプロバスケット B.LEAGUE のように，チーム名に企業名を入れることを禁止している団体があることによる。

昔は，施設を借用している場合には，命名権の代価は，借り手が支払う権利金や賃借料に含まれるのが一般的であった。しかし，現在では，命名権は，独立した個別の権利としての地歩を固めていて，1つの権利として取引対象となっている[1]。ただし，権利といっても，命名権は，法律上の権利名称ではなく，俗語的な意味で使用されている通用上の名称である。

命名権が取得されるのは，米国においては，主に航空，通信，自動車，一般消費財，コンピュータ，金融サービス，飲料などの業界においてである[2]。

日本においても状況は似かよっているが，命名権の売り手は圧倒的に地方自治体が多いのが特徴である。

商品のネーミングは商標を形成し，それは商標権やブランドの創設，

形成へとつながる。企業のネーミングは商号を形成し，それはのれんの形成へとつながる。施設や野球チームなどのネーミングは，それを自己の施設や組織ではなく第三者の施設や組織に委ねるときには命名権の創設へとつながる。

つまり，これら三様の関係は，ネーミング行為という点で共通項を有している。そして，ブランド，のれん，命名権は，企業利益の稼得を目的に創設，形成されるという点でも共通項を有している[3]。

本章では，命名権の会計処理と評価の側面を中心に考察をくわえ，あわせて命名権の対象施設としての美術館と命名権の関係について私見を述べることにする。

第2節　命名権の会計処理

〔1〕　命名権の資産計上

伝統的な会計学においては，量的表現可能性が容易で，しかも市場代替性（交換性）が大きい財貨やサービスが，一般的に資産としての計上要件を満たすものと考えられてきた。

しかし，現在では，量的表現可能性が困難で，しかも市場代替性が小さいブランドやのれんのような無形項目も，それをできるだけ評価して，自己創設のものも資産計上すべきであるという議論が一部にある[4]。

命名権の場合は，施設等の所有者がそれを自己評価して資産として自己創設するという動きは，今のところ仄聞していない。したがって，もし命名権を資産として認識すれば，現状においては，命名権の貸借対照表能力はそれを取得したときにのみ生じることになる。命名権の第三者

図表6-1　現代会計学における資産認識の方向性

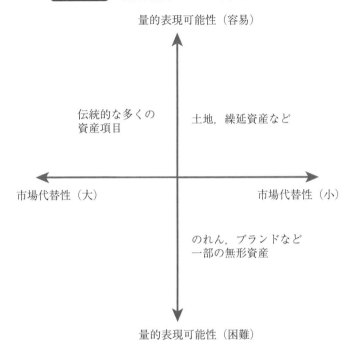

(出所)拙稿「会計用語としてののれん概念について」『大阪商業大学論集』第12巻第1号，2016 (平成28) 年6月, 8ページから転載。

への譲渡権や転貸権は，一般的には，買手側には認められていない。したがって，命名権を貸借対照表に計上する場合には，その貸借対照表値は取得価額でのみ記載する。その際，取得価額は，一括払いのときには当該価額となるが，分割払いのときには分割支払額の合計額（場合によっては，分割支払額を一定の割引率で資本還元した値の合計額）となる。つまり，命名権は，取得価額がその貸借対照表値となることからすれば，量的表現可能性は容易である。しかし，その市場代替性はかなり

限定的である。

それゆえ，このような特質からすれば，命名権は，土地や繰延資産と同じ象限に包摂されるものと考えられる。この点で，命名権は，ブランドやのれんとは資産認識の方向性が異なっている。

〔2〕 償却の当否

命名権を資産計上した場合には，その償却の当否が問題となる。

命名権の使用期間は契約によって確定していて，しかも巨額かつ使用期間が長期の命名権の場合には，全額を最初から一括払いすることは考えにくいので，使用期間にわたって命名権は分割払いされていくのが一般的である。このような点を考量すれば，資産計上された命名権は，使用期間にわたって償却していくのが適切である。つまり，毎期の支払分相当額を毎期の償却費として減額処理するのが妥当な処理方法である。この場合，償却費は，広告宣伝費に近いものと見なして，販売費もしくは営業外費用の範疇で処理するのがよいであろう。

また，命名権は，無形資産のような換金価値を有する譲渡性の資産ではなく，税法上の繰延資産のようなものとする考え方もある。この場合，税法上の繰延資産は，会計上は「投資その他の資産」として扱われることになる。

つまり，命名権を一括払いで取得した際は，それは長期の前払費用のようなものであり，命名権の取得価額を使用期間で除した額を毎期に費用化していけばよいと考えるのである。したがって，命名権は，会計上は，「投資その他の資産」の中の「その他の固定資産」の区分に掲記されることになる。

この場合，この長期前払費用の会計的性格であるが，広告宣伝費を一

括払いしたものと考えるのが妥当であろう。したがって，毎期費用化する部分は，販売費もしくは営業外費用の範疇で処理するのがよいであろう。

このような見解は，短期の命名権に対する，次のような処理と親和性を持つ。

使用期間が短く命名権の金額がそれほど大きな額に達しない場合には，取得した命名権は，取得時の広告宣伝費として一括費用処理するのが通例である[5]。

法人税法上は，命名権の償却費について，あるいは命名権を広告宣伝費処理した場合については，命名権の役務提供に見合う毎年負担する費用部分に対しては損金算入することが認められている。

〔3〕 売手側における売却代金の会計的認識

命名権の売手側においては，命名権の売却代金は会計的にはどのように認識されるべきであろうか。

自己の所有する物的施設や組織については，所有者に命名権がある。この命名権を自己所有命名権または自己創設命名権とよぶならば，それは属性的には無形資産である。したがって，命名権の売却は，自己創設命名権という無形資産を売り渡す交換取引である。

しかし，一般的には，自己創設命名権を会計的に無形資産として認識し，それを資産計上するということは行われていないので，命名権の売却は，損益取引として処理されることになる。つまり，雑収入または雑益という勘定で処理することになるであろう。

第3節　無形資産評価における諸仮定

　命名権の買手は，取得する命名権に対して自己のイメージを投影して命名権の評価額を決定する。このイメージとしては，将来収益の増加とか会社イメージの向上，地域社会への貢献などさまざまなものが考えられる。多くの場合，それらは単一のものではなく，複合したイメージとして形成されることが一般的であろう。

　Irwin と Assimakopoulos（Irwin, R.L.& M.K.Assimakopoulos）やその他いく人かの論者は，命名権の取得動機を，スポーツ後援の選考ツールの研究に関連して，次のような点に要約している[6]。

- ●会社や会社の提供サービスに対する公衆の認知度の向上
- ●会社イメージの向上
- ●会社に対する公衆の認知の変更
- ●コミュニティーへの取組み
- ●取引関係やのれんの構築
- ●従業員関係の向上
- ●目標市場の認知度の向上
- ●マーケットシェアの拡大
- ●競争の阻止

　他方，命名権の売手は，買手が抱くであろうイメージを想定して，命名権の広告媒体としての側面に重きを置いて，広告媒体としての価値をイメージして命名権の評価額を決定する[7]。

　両者が決定した双方の評価額を基礎に，取引交渉において命名権の取

引価格（売買価格）が確定することになる。

　命名権はその対象が物的施設やスポーツチームなどの組織であるが，それを設定しようとする事業体にうまく適合するものの数は，種類的にも，地域的にも限定されている。そこで，人気度や訴求度の高い施設や組織の場合には，命名権の価格はかなり高額のものとなる。

　このようなプロセスにおいては，両者が命名権に対して抱くであろうイメージは，必ずしも同質的なものではないであろう。

　Smith & Parr（Smith, G.V. & R.L.Parr）は，命名権などの無形資産評価を行う際の仮定として，次のような点をあげている[8]。

　第1は，無形資産は，それ自体が単独で利益を稼得することはほとんどなく，有形資産や他の無形資産と結びついて企業全体として利益を稼

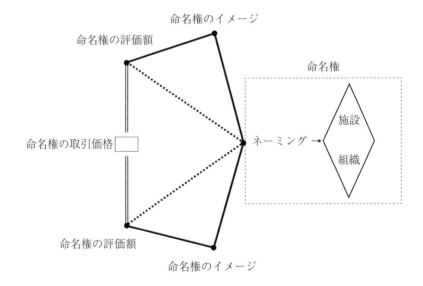

図表6-2　命名権の取引プロセス

得する。

 第2は，無形資産の価値は測定でき，それは貨幣金額で量的表現が可能である。

 第3は，認識され識別された無形資産の価値は，最善かつ最も生産的な利用のためのものである。つまり，命名権についていえば，命名権の評価は，当該命名権が最も適合する企業を想定してなされるべきということになる。

 第1の仮定は，利益獲得における命名権などの無形資産の特質を述べたものであって，無形資産と他資産との有機的結合関係の態様により事業が運営され，利益が獲得される状況を提示したものである。

 第2の仮定は，無形資産の量的表現可能性を肯定したものである。

 第3の仮定は，命名権の対象となる施設や組織と企業の業態・業容との相関的適合性の必要性を述べたものである。

 以上のことを図示すれば，**図表6-3**のようになるであろう。

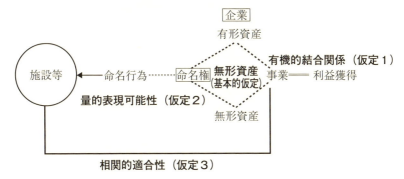

図表6-3　命名権評価における諸仮定

以上の仮定の他に付随的な仮定として，Smith & Parr は，次のような点をあげている[9]。

（1）　無形資産には，経済的および法律上の存続期間がある。
（2）　無形資産の評価は，買手側の目的や目標の関数である。
（3）　無形資産を評価する際，最適価格に到達するには，売手，買手双方の利害が一致する必要がある。

　（1）については，法律上の権利を中心とする無形資産についてはほぼその指摘が当てはまる。しかし，のれんのような事実上の価値については，わが国では法律上の存続期間は決まっていないし，経済的な存続期間についても不確定であるとして，その償却を不要とする見解もある。また，商標権のような法律上の権利についても，更新請求することにより法律上の存続期間を延長することが可能な無形資産もある。

　（2）については，たとえば命名権の評価は，命名権の取得に込めた買手側の目的や目標により影響を受けて，その評価額が決まってくるということである。

　事業体にとっての一般的な目的または目標は，利益の獲得に他ならないが，市民サービスとか社会貢献などが目的または目標の場合もある[10]。このような場合には，命名権の評価は複雑かつ困難なものとなるであろう。

　（3）については，たとえば売手が命名権の譲渡をためらっているにもかかわらず，買手からの強要により命名権の譲渡がなされるような場合には，命名権の評価時に最適価格に到達することはかなり難しいであろう。

このように，Smith & Parr は，３つの仮定を中心に付随的な仮定も織り込んだ形で無形資産の評価に論及している。しかし，そのこと以前に，Smith & Parr 両氏が命名権については，その資産性，すなわち無形資産としての資産属性を認めている点こそが，両氏の議論における基本的な前提である点は留意する必要がある。

おそらく，米国においては，長期にわたる命名権設定契約が多いことから，命名権の無形資産としての貸借対照表能力容認論を両氏は採用したものと考えられる。しかし，短期契約の命名権に対しては，無形資産としての貸借対照表能力の容認化は難しいものと考えられる。

第４節　命名権の評価

Smith & Parr（Smith, G.V.& R.L.Parr）は，無形資産の評価方法として，コスト評価法，利益評価法，マーケット評価法の３つの方法を提唱している[11]。

この３つの評価方法は，無形資産の評価方法としては以前から提唱されてきた方法であり，伝統的な評価方法といえよう。

コスト評価法は，無形資産から提供される便益と同等の便益を他の資産から獲得するには，いかほどの金銭が必要になるかを問う方法である。

利益評価法は，無形資産から得られる現在および将来のキャッシュフローを金額的に数量化する方法であり，それは，現在の貨幣価値でキャッシュフローの正味現在価値（net present value）を算定する方法である。

マーケット評価法は，市場において他の類似の取引と比較することに

より，無形資産を評価する方法である。

〔1〕 コスト評価法

　命名権の場合は，他の商品と同じように命名権そのものを市場で買い入れるということは考えられないので，命名権の取得原価といった場合，買手にとっては受け入れた命名権の買取価格に他ならない。しかし，問題の核心は，その買取価格の元となる命名権の評価額を売手側はどのようにして算出しているかという点である。

　ここで，命名権の評価額を売手が取得原価で決定するといった場合，それは命名権の創設，形成にどのくらいの原価（支出）が投下されたのかという投下原価（input cost）の側面から捉えることが必要となる。つまり，取得原価によるコスト評価法は，内容的には投下原価法と読み替えるべきであり，以下，このような視点から命名権の原価評価を考察する。

　投下原価法は，無形資産形成に要したすべての支出を支出時に無形資産の資産原価に反映させる評価法である。

　これまでの説明では，無形資産という価値実体を一まとめにして議論を展開してきた。しかし，一口に無形資産といってもさまざまな種類があり，会計認識においてはそれらの無形資産を個別資産項目に分類して開示することが要求される。

　この個別資産項目の分類は，その項目に固有な属性とその項目が利益獲得プロセスに及ぼす機能形態とに基づいて行われる。たとえば，特許権という項目を分類する場合，特許権という無形的属性がまず認識され，次にそれが一般的支払手段として保有されるのか，あるいは特定の使用目的をもって保有されるのか，それとも経常的な売却目的をもって

保有されるのかといった観点から分類が行われる。そして，その特許権が例えば特定の使用目的をもって保有されるとするならば，特許権という無形的属性から考えて無形固定資産の特許権勘定に分類されるのである。

このように，個別資産項目の勘定科目分類は，その項目に固有な属性に基づいてまず一次的分類がなされ，次にその項目の利益獲得プロセスに対する機能形態によって二次的分類がなされて，使用すべき勘定科目名が確定するのである[12]。

無形資産は，一般的には使用目的のために保有されていると考えるのが妥当と思われるので，投下原価法の下では資産の二次的分類のみを問題とすればよいであろう。

投下原価法によって資産認識をなす際には，認識時点は，原価の投下時点，すなわち原価の支出時点となる。たとえば，建物を自家建設するときには，投下された原価部分が建物勘定に計上されることになる。

建物のような有形資産の自家建設もしくは自家製造の場合には，支出自体と支出によって獲得される資産との対応関係は一対一の個別的対応関係として把握されるので，その対応関係の認識はきわめて明確である。

これに対し，無形資産の自己創設の場合には，無形資産の獲得に機能する支出すべてに，必ずしも当初から資産形成という明確な目的が付与されているわけではない。

かくしてこのような理由から，無形資産の自己創設の場合には，無形資産の獲得に向けられた投下原価中のどの部分が，いかなる種類の無形資産の形成に寄与するかを具体的に把握するといった点が問題となってくるのである。換言すれば，どの支出部分がどの無形資産に寄与するのかといった両者の対応関係の識別と，その額の測定が問題となるのであ

る。

　この識別と測定は，支出が投下される無形資産の種類によって，比較的簡単に行うことができる場合もある。たとえば，電信電話専用施設利用権や水道施設利用権などの取得のために投下される支出などがそれに該当する。

　逆に，支出とその支出によって獲得が指向されている無形資産との対応関係の把握が困難となるのは，支出が2つ以上の無形資産の形成に結びつく場合である。この例としては，広告宣伝支出が，商標権の価値を高める方向に作用するだけでなく，企業イメージを高めることによって優秀な人材の獲得に役立つことになり，企業の人的資源価値を高める方向にも作用するような場合である。

　あるいは，命名権を取得し，それを行使することは外形的には名前（名称）の認知を人々にもたらすが，そのことがブランドの形成とか戦略的な取引関係チャネルの形成に結びつくとの指摘もある[13]。

　このようなときには，その対応関係の把握もさることながら，支出額を2つ以上の無形資産項目に按分することが必要となる。この場合，按分額の決定は，結局は，獲得される無形資産項目の価値増分を予測計算することにより算定された価値増分額に比例する形で行われることになるであろう。しかし，これは，無形資産の評価が純粋に投下原価という犠牲価値（input value）面からなされたことにはならず，効益価値（output value）面からの評価が部分的に関与することを示しているのである。

　以上，支出とそれによって獲得される無形資産の対応関係についての認識上の問題点について述べてきた。

　これは，要するに，支出が向けられる対象認識の問題であり，次の**図表6-4**に示した矢印部分を見いだす問題に他ならない。

図表6-4 投下原価と獲得される無形資産および利益との関係

（t_1 は t_2 よりも時間的に前，t_2 は t_3 よりも時間的に前であることを示す）

　投下原価法においては，会計認識が t_1 時点でなされるために，はたして投下された支出が無形資産の獲得に有効に結びつくかどうかという点が問題となってくる。つまり，図表6-4において，投下された支出から発せられた矢印①が無形資産に到達するかどうかといった点が問題となるのである。電信電話専用施設利用権や水道施設利用権などの場合は，支出がそれらの利用権の取得に結びつく確率は非常に高い。しかし，たとえば，研究開発支出などの場合には，その支出が特許権やノウハウ（know-how）などの取得に結びつく確率はきわめて不確実である。

　ヴァンシル（Richard F.Vancil）は，開発費[14]の多くが通常の営業費の中に埋没して，期間費用として処理されてきた理由を次のように述べている[15]。

(1)　伝統的会計では，固定資産への投資を資産として計上するが，その他のタイプの投資支出は費用として処理する。その理由は，主として，固定資産への投資支出は実体を備えていて，しかも売却価値をも有しているので，記帳が容易にできるからである。
(2)　固定資産への投資は，もし間違ってなされたとしても，その投資はなお他の誰かにとって利用価値がある。つまり，工場や機械は，サイズが間違っていたり，間違った場所に据え付けられたりするかもしれないが，それらの資産はなお他の誰かにとって価値があるかもしれな

いのである。

　それに対し，間違ってなされた開発投資は，利用価値をとどめない
であろう。

（3）　開発投資は単発的になされるものではなく，長期にわたって継続的
　　かつ段階的になされるものである。そうすることによって初めて，開
　　発投資は利益獲得に結びつくのである。しかし，長期にわたって投資
　　が段階的になされるという事実は，1つの開発計画段階から次の開発
　　計画段階に移行する際に一連の意思決定を必要とするかもしれないと
　　いうことである。

　　　したがって，このような投資の段階的進捗性は，ある1つの段階に
　　おける意思決定の間違いが開発投資全体を無価値にするという危険性
　　を多分に孕んでいるのである。

　　　これに対し，固定資産への投資の場合には，このような危険性は比
　　較的僅少であると推察される。

　以上述べてきたヴァンシルの主張の中で，（2）と（3）の点は，ま
さにここで取り上げている投下原価法の評価上の問題点を端的に指摘し
ているといえるであろう。つまり，このような理由のために，研究開発
投資などのケースにおいては，その支出が無形資産形成に結びつくかど
うかはきわめて不確実なものとなるのである。

　このように，支出が向けられる無形資産の種類によって，支出が無形
資産獲得に結びつく確率はかなり異なった様相を呈することになる。こ
こに，投下原価法による無形資産評価の根本的な難点が見いだされるの
である。

　さらに問題を複雑にするのは，当期の支出額が無形資産の形成に結び
つくとか，結びつかないかのように支出結果を単純に二分することがで

きないような場合が生じうることである。このような例は，先述した研究開発投資などの場合にしばしば見受けられるところである。

　つまり，当期支出額のうち，（1）ある支出部分は新たな無形資産形成のためのものであり，（2）ある支出部分は現存する無形資産の存続維持のためのものであり，（3）ある支出部分は何ら役立ちを有していないというように，当期支出額の各部分の支出効果が異なるような場合である。

　このような場合には，会計理論上は，（1）の部分のみを資産化し，（2）の部分は期間費用，（3）の部分は損失として処理するのが妥当な会計処理方法である。しかし，実際には，当期支出額をこのような各部分に識別分離することは不可能と考えられる[16]。それゆえ，無形資産の評価法としては，ここで取り上げているような投下原価法が主張されるのであるが，この評価法を採用した場合には，資産評価尺度としての支出額の中にこのような異質の内容を有する諸部分が混在することになるのである。

　また，投下原価法においては，犠牲を要することなく取得した価値部分，たとえば外部経済（external economies）によって形成された価値部分などは認識されないことになる。

　以上，投下原価法による評価上の問題点を述べてきたが，それらは次の3点に集約することができるであろう。

> ① 支出とその結果獲得される無形資産の対応関係への認識の困難性
> ② 支出が無形資産獲得に結びつくかどうかといった確実性の問題
> ③ 外部経済により形成される無形資産価値が認識されないという問題

以上の3点のうち，とりわけ①と②の点が解決されない限り，投下原価法による評価の現実的実施は困難と考えられる。特に，命名権を無形資産の一種と見なす場合には，命名権評価を投下原価法によって行うときには，これまで述べてきた投下原価法の難点がより明確な形で露呈することになるであろう。

〔2〕 利益評価法

　利益評価法は，命名権が生み出す将来の予想利益を一定の還元率で資本還元した値をもって命名権の評価額と見なす評価方法である。

　この場合，予想利益は獲得される将来のキャッシュフローで代替されることになる。この評価法の計算因子は，将来の予想利益，還元率，予想利益の存続期間の3つである。

　利益評価法は，理論的には優れた方法であるが，この方法の難点は，3つの計算因子のすべてが正確に算定できないという点である。それゆえ，評価法としての実行可能性には，評価上の高い不確実性が付随することになる。

　したがって，この方法だけで命名権の評価を一意的に決定するには無理があるので，この方法は，他の評価法により算定された評価額との比較を通じて用いられるべきものである。

　利益評価法には，算式タイプとして，予想利益の存続期間を有期と考える有期還元法（有限的還元法）と，無期と考える無期還元法（無限的還元法）がある。

　算式を示せば，次のようになる。

〔有期還元法の算式〕

$$G = \sum_{n=1}^{x} \frac{Q_n}{(1+i)^n}$$

〔無期還元法の算式〕

$$G = \sum_{n=1}^{\infty} \frac{Q_n}{i}$$

G ：命名権評価額
Q_n：将来利益
n ：利益の存続期間
x ：利益の存続終了期
i ：還元率

　命名権の場合には，命名権の利用期間が契約により決められているので，その評価には有期還元法が用いられることになる。

〔3〕　マーケット評価法

　市場価格によって無形資産を評価する場合の困難性は，無形資産市場の狭隘性にその原因を求めることができる。

　無形資産を評価する場合，当該無形資産の代替物を市場に求めることはきわめて難しい。

　ヘンドリクセン（Eldon S. Hendriksen）も，この点を次のように指摘している。

　「無形資産を評価し，その価値を期間費用ないし棚卸資産原価に配分するということは有形資産の場合のそれに類似している。しかしそこには主たる相違が若干見受けられる。産出価値（output value）と

収益力にもとづく評価は，どのような状況にも適用することが困難である。そして，例外は別として，そのような評価は，たとえおおざっぱでも無形資産に適用することはできない。その時点における投入価値（input value）の尺度たる取替原価も同様に一般的には計算が不可能である。おのおのの無形資産は通例，唯一無二のものであるから，他の同様の項目と比較することはできない。そしてこの独自性のゆえに，特定の取替原価を計算するための，有意義で適切な価格指数を見いだすことは不可能である。」[17]

　土地や建物の場合には，不動産鑑定士等による鑑定評価制度があり，評価の客観性や権威性が担保されている。また，土地の場合には公示価格制度や相続の場合の路線価制度などがある。したがって，不動産の評価においては，このような鑑定士による評価値や公示価格などをもとにして，評価の目安とすることができる。
　このように，土地や建物の場合には，企業の恣意的評価を排除するに足る制度的な評価システムが確立されているのである。
　これに対し，無形資産の場合には，このような制度的な評価システムは未確立である。無形資産の市場価値による評価の困難性は，無形資産市場の狭隘性もさることながら，このような制度的な評価システムが確立していない点にもその原因が求められるのである。

　以上述べてきたように，3つのどの評価法にも評価上の難点があり，決定的に優位な評価法は存在していない。
　1つの方法は，これら三様の評価法により算定した評価値の平均値を採用する方法である。しかし，これには手間がかかるが，最小値と最大値の中間的な数値が得られるため，取引交渉において当事者を説得しや

すいというメリットがある。

もう1つの方法は，特に命名権などの場合に役に立つと思われるが，利益評価法を採用することである。命名権の取得は，買手にとっては主にそれによる将来利益を期待してのことであるから，獲得されるであろう将来利益の側面から命名権を評価することが現実的である。しかし，これはあくまで予測の産物であるから，その評価は往々にして楽観に傾きやすく，過大評価に陥る危険性がある。

第5節　評価法のまとめ

〔1〕　各評価法の特徴

前述した各評価法を無形資産に適用したときの評価結果が，無形資産の価値に対してどのように投影するかを図式化してみよう。

次頁の**図表6-5**において上部の長方形Eは無形資産の価値の本体部分を示し，下部の長方形Y（なお，pの部分は含まれていない）は無形資産の獲得に向けられた支出部分を示している。

無形資産価値の本体部分は，内部経済（internal economies）により形成される価値部分uと外部経済（external economies）により形成される価値部分wからなる。

ただし，これは，個々の無形資産の価値を実際に内部経済形成部分と外部経済形成部分に截然と識別分離することができるということを意味しているのではなく，観念的に無形資産の価値をこれら2つの部分に区分することができるということを示しているにすぎない。

無形資産の獲得に向けられた支出部分Yは，無形資産の獲得に結びつ

図表6-5 評価法と無形資産価値の捕捉の関係

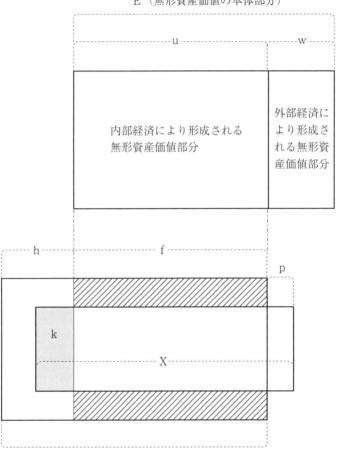

かなかった支出部分hと無形資産の獲得に結びついた支出部分fからなる。

このことも，個々の無形資産への支出を実際にこのような2つの部分に截然と識別分離することができるということを意味しているのではなく，無形資産支出の観念的な分類を示しているにすぎない。

投下原価法によれば，無形資産の価値総額は図表6-5の下部の長方形Yをもって示されることになる。

投下原価法の長所は，長方形Yの大きさが実際に測定できることである。ただし，この評価法では，無形資産価値の本体部分のうち外部経済により形成される価値部分を評価額の中に取り込むことはできない。

これに対し，利益評価法やマーケット評価法は，図表6-5の上部の長方形Eの評価を指向するので，外部経済により形成される無形資産の価値部分を評価額の中に取り込むことができるという特長がある。

ただし，利益評価法は予測計算であるために，またマーケット評価法は市場において代替物との比較が困難であるために，長方形Eの大きさを正確に測定することが難しいという短所がある。

このように，各評価法には一長一短があり，絶対的に優位な評価法はない。

〔2〕 日本における会計制度上の無形資産評価法（現行評価法）

次に，日本の現行の会計制度下における無形資産の評価法について考察する。

企業会計原則の貸借対照表原則五-Eでは，「無形固定資産については，当該資産の取得のために支出した金額から減価償却累計額を控除した価額をもつて貸借対照表価額とする。」と規定している。そして，同

原則注解25において，「営業権は，有償で譲受け又は合併によつて取得したものに限り貸借対照表に計上し，毎期均等額以上を償却しなければならない。」として，営業権については，有償取得の場合を企業外部からの継承的有償取得の場合に限定することを規定している。

　わが国においては，無形資産に対する法律上の包括的な評価規定はなく，企業会計原則や企業会計基準などの法的強制力を伴わない会計基準がその評価について規定している状況である。

　企業会計原則では，上述したように，無形資産の評価については取得原価主義の立場を採用している。この立場をここでは現行評価法とよぶことにする。

　しかし，これまで述べてきた投下原価法は，企業会計原則が採用しているような取得原価主義とはその内容が若干異なっている。その相違点は，次のように列挙できよう。

① **無形資産価値の評価時点が異なる。**

　投下原価法では，支出時点をもって無形資産価値の評価時点とする。それゆえ，支出が無形資産の獲得に結びつくかどうかといった点が問題となる。他方，現行評価法では，無形資産の獲得時点をもって無形資産価値の評価時点とする。

　このことを先述した図表6-4で説明すれば，投下原価法の評価時点はt_1であるのに対し，現行評価法の評価時点は矢印①が到達する時点t_2である。

　したがって，現行評価法では，支出が無形資産獲得に結びつくかどうかといった点は問題とはならないため，評価の確実性は高くなる。ただし，現行評価法のこの長所は，逆の面から見れば，それだけ評価対象が狭められるということでもある。この点は，次の②の相違点につながっ

106

てくる。

② 評価対象の範囲が異なる。

たとえば，のれんの場合には，現行評価法のもとでは，企業外部からの継承的有償取得のれんに限り貸借対照表能力が認められていて，有償自己創設のれんには貸借対照表能力は認められていない。しかし，投下原価法では，有償自己創設のれんにも貸借対照表能力が認められることになるのである。

このことは，自己取得特許権などにも当てはまる。つまり，現行評価法のもとでは，特許権取得のために要した支出額は費用として処理される。

また，企業は，経営戦略上，自らが研究開発して獲得した技術を特許として申請せず，ノウハウ（know-how）として秘匿することがある。このようなときには，現行評価法のもとでは，この研究開発された技術には無形資産としての評価が付与されないことになる。つまり，この技術は，その開発に要した支出額が費用処理されることで会計処理が完結することになる。

これに対し，投下原価法では，ノウハウとなった技術への支出は，もし処理が実行可能であれば，ノウハウという勘定科目名で無形資産計上されることになる。

このことは，自己取得特許権の場合にも当てはまり，投下原価法のもとでは，自己取得特許権は特許権として無形資産計上されることになる。

③ 外部経済などにより形成される無形資産部分の識別可能性に違いが
生じる。

　贈与等により無形資産を無償で取得した場合も，一種の外部経済形成
無形資産の取得に近いものと解釈することができる。

　取引過程を通じて取得された無形資産のうち，その全部または一部が
無償で取得されたとき，これを無償外部取得無形資産とよぶ。つまり，
無償外部取得無形資産は，無形資産そのものが取引対象化している取引
過程において，取引の相手方から無償で取得された無形資産である。

　これに対し，このような取引過程を経ることなく，企業に無形資産が
無償で創設されたとき，これを無償自己創設無形資産とよぶ。無償自己
創設無形資産は，外部経済や偶然の経済的好運により企業に創設される
ことがある。たとえば，現在の店舗の近くに鉄道駅が新設されたため商
品の売上が増大したとか，あるいは非常に優秀な人材が入社したため企
業の技術力が活性化したなどの例が，これらに該当するであろう。この
ような事象は，のれんなどの無形資産の形成につながってくる。

　無償外部取得無形資産と無償自己創設無形資産は，その取得，創設に
対価の支払いを要していない，つまり非対価性という点では共通項を有
している。

　しかし，無償外部取得無形資産が，無形資産そのものの取引過程を経
た上で取引の相手方から直接的に取得したものであるのに対し，無償自
己創設無形資産はそのような取引過程を経ていないという点で，両者は
性格的に異なっている。

　一般に，無償取得資産といった場合，（1）特定の第三者から贈与や
補助，援助の形で資産を無償取得する場合と，（2）外部経済や予期せ
ぬ事象の出現によって資産を無償取得する場合とがある。

　（1）の例としては，株主から現金の贈与を受けたとか，国や地方自

治体から補助金の交付を受けた場合などがそれに該当する。また，（2）
の例としては，企業の所有する敷地内に偶然に鉱脈が発見されたような
場合がそれに該当する。

　無償取得無形資産を無償取得資産に含めるとすれば，概ね，無償外部
取得無形資産は（1）のタイプの無償取得資産に，無償自己創設無形資
産は（2）のタイプの無償取得資産に該当するといえるであろう。

　無償取得資産については，取得原価基準を基盤とするわが国の現行の
会計制度の下においても，その会計的認識，貸借対照表への計上をめ
ぐっては議論が分かれている。

　一方の見解は，無償取得資産の貸借対照表能力を否認する貸借対照表
能力否定説（無評価説ともよばれる）であり，他方の見解は，その貸借
対照表能力を容認する貸借対照表能力肯定説（公正価額説ともよばれ
る）である。

　さらに問題を複雑にするのは，もし無償取得資産の貸借対照表能力を
容認した場合には，貸方側の問題としてそれに対応する額を資本剰余金
として処理するのか，あるいは利益剰余金として処理するのか，あるい
は別の新たな剰余金概念を創設することにより処理するのかといった純
資産会計上の問題が派生してくることである。

　要約的にいえば，現行の会計通説は，次の企業会計原則の規定に見ら
れるように貸借対照表能力肯定説（公正価額説）を採り，純資産側の処
理は資本剰余金として扱う方法を選好している[18]。

　企業会計原則の貸借対照表原則五－Ｆは，「贈与その他無償で取得し
た資産については，公正な評価額をもって取得原価とする。」と規定
し，貸借対照表能力肯定説（公正価額説）を採用している。この規定
は，無形資産についても適用されるものと考えられる。

　しかし，ここで注意すべき点は，会計通説のこのような取扱いは，あ

くまで無償取得資産の中味が現金などの流動資産や有形固定資産あるいは特許権などの無形固定資産の場合に限られている点である。

現行の会計通説は，このような取扱いを無償取得のれんにまで拡張することを認めてはいない。たとえば，企業会計原則は，先述したように，「営業権は，有償で譲受け又は合併によつて取得したものに限り貸借対照表に計上し，毎期均等額以上を償却しなければならない。」（同原則注解25）と述べ，無償取得のれんの貸借対照表能力を明確に否定している。

しかし，無償取得のれんの貸借対照表能力がなぜ否定され，他の無償取得資産の貸借対照表能力がなぜ肯定されるのか，その理由については，企業会計原則は明確な見解を示していない。

このように現行の会計通説においても，無償取得資産の貸借対照表能力の認識に関しては，無償取得のれんとその他の無償取得資産とではその取扱いに跛行性が見られるのである。肝要なことは，会計通説がこの跛行性を正当化するのであれば，その正当化の理由をわれわれに明確に提示することが必要である。

このように，取得原価主義を標準的評価法とする企業会計原則のような現行評価法においては，内部経済により形成される無形資産だけでなく，無償取得無形資産のような部分も評価対象範囲に組み込まれる場合が生じるのである。この部分は，図表6-5のpで示した箇所である。

以上，上述した諸点を考量すれば，投下原価法と現行評価法は同一の評価法ではなく，無形資産の内部経済形成プロセス面においては，投下原価法の方が現行評価法よりも無形資産の評価対象範囲を広くカバーすることが見て取れるであろう。

しかし，他方では，無形資産の外部経済形成プロセス面においては，無償取得の無形資産を取り込むという点で，現行原価法の方が投下評価

法よりも無形資産の評価対象範囲を広くカバーしていることが了知できるのである。現行評価法を，図式化すれば図表6-5の下部の長方形Xがそれに該当する。つまり，このXの領域が，企業会計原則において無形固定資産として貸借対照表に計上される範囲を示しているのである。

要約すれば，投下原価法では，有償外部取得無形資産だけでなく，有償自己創設無形資産も，有償取得つまり有償支出ということからすべて資産としての貸借対照表能力を有することになるのである。したがって，その結果は，ラッドの次のような指摘を導くことになる。

　「この手続が成就するひとつの非常に重要なことは，会社によって開発された無形資産と他から買い入れた無形資産とのあいだの正しいとは認められない差別をある程度除去することになるであろう。」[19]

〔3〕　投下原価法および現行評価法における評価上の問題点

無形資産に関する現在の議論でも，投下原価法のような評価法を無形資産評価に導入すべきか否かをめぐって討議が重ねられているが，いまだ結論を得るには至っていない。

企業会計基準委員会の『無形資産に関する検討経過の取りまとめ』〔2013（平成25）年6月28日〕においては，社内開発費の資産計上については，市場関係者の合意形成が十分に図られていない等の理由から，当面の間は費用処理でいく旨が提案されている。

他方，現行評価法では，主に有償外部取得無形資産に評価の焦点を当て，有償自己創設無形資産についてはその一部に対し例外的に貸借対照表能力を認めているにすぎないと考えられる。このように，現行評価法が有償外部取得無形資産に評価の焦点を当てるのは，外部から有償取得

した無形資産は市場を通過したものであるために，資産としての用益潜在力（service potentials）に対する貢献の度合いが確実であり[20]，しかも換金性もある程度保証されていると考えるためであると思料される。つまり，そこには，保守主義的な債権者保護の思考が暗黙のうちに潜んでいるものと思われる。

しかし，ここで問題となるのは，有償外部取得無形資産のすべてに，用益潜在力に対する貢献の確実性や換金性が備わっているわけではないという点である。このことは，合併や営業譲渡により有償的に継承取得したのれんの中には，その評価額に相応しい価値実体を備えたものばかりではないものが見受けられることからも，ある程度理解できるのである。つまり，このようなのれんには，のれんとしての価値実体が希薄であって，単なる調整計算項目としての意味しかなさないものがあるからである。

換言すれば，合併や営業譲渡において双方の取引当事会社の力関係が不均衡なために，合併の被存続会社もしくは営業譲渡会社側の力が強いときには，対象となる企業の純資産価値以上のものが支払われ，その超過支払部分が合併の存続会社もしくは営業の譲受会社側においてのれんとして処理されることがある。このような資産としての価値実体を持たないのれんは虚構のれん（false goodwill）[21]とよばれ，本来的には資産としてではなく損失として処理すべきものである。

このような点を考量すれば，現行評価法による無形資産評価額つまり図表6-5の長方形Xの中にも，虚構のれんのような価値実体を備えない部分があるかもしれない。この部分は，図表6-5においては，kで示される。

なお，図表6-5の下部の長方形Yの中で斜線で示した領域は，有償自己創設無形資産の中で現行評価法では資産として捕捉されていない部

分を示している。

　以上のことから理解できることは，現行評価法では，有償取得された無形資産のうち大まかな部分しか貸借対照表に計上されていないことが明らかとなるのである。しかし，今日，企業の収益力に寄与する要素の中で無形資産が占める部分はかなり大きいと考えられる。それゆえ，企業が保有する無形資産の全体像を捕捉し，それを数値化して利害関係者，特に投資家に伝達することはきわめて重要なことと思料される。しかし，反面では，このことは，ノウハウなどの技術機密などとの関連で難しい問題を提起することになるであろう。

　さらに，投下原価法と現行評価法のそれぞれの評価対象の範囲に関して，次のような疑問が提起されるかもしれない。

　多くの場合，有償外部取得無形資産は，特許権や命名権のように個別取得の場合は稀であって，合併や営業譲渡の場合のように包括的取得の形をとることが多い。つまり，合併や営業譲渡においては，無形資産の評価は，企業価値を決定してから，その評価額から負債に拘束されない形で流動資産や有形固定資産などの個別資産を控除することにより無形資産の総額を求めるという形で実施されるのが一般的である。

　このような形の無形資産評価法は，これまで述べてきたような無形資産そのものの個別的評価を指向する方法，つまり無形資産の直接的評価法ではなく，企業価値という企業の全体的評価を経由する形で無形資産の総体的評価を導出するという間接的評価法である。

　このような間接的評価法により算定された無形資産評価額には，内部経済形成無形資産だけでなく，外部経済形成無形資産の評価額の双方が組み込まれていることになる。それゆえ，買い入れた無形資産の価額，つまり無形資産の取得原価もしくは買手側から見れば投入原価には，外

部経済形成無形資産の部分も含まれていることから，現行評価法や投下原価法は内部経済，外部経済双方の無形資産評価を指向しているのではなかろうかという論理が成立しそうである。

　しかし，このような疑問に対しては，次のように答えることができるであろう。

　たしかに，無形資産の買手側が支払った取得原価もしくは投入原価には，外部経済形成無形資産に対する支払部分も含まれている。しかし，無形資産が合併や営業譲渡により有償取得されたということは，無形資産が買手側の内部経済プロセスに組み込まれたということであり，取得した無形資産は買手側の外部経済プロセスには最早含まれていないということである。換言すれば，無形資産に対して支払がなされたということ自体が，つまり投入原価の発生自体が，企業の内部経済プロセスへの組入れを表しているのである。

　かくして，このような理由から，現行評価法や投下原価法が内部経済，外部経済双方の無形資産評価を指向しているという主張には同意することができないのである。

第6節　命名権をめぐる諸課題

　日本では，命名権の売手は地方自治体にほぼ集中していて，その対象施設はスタジアムなどの運動施設の他に，美術館や博物館といった文化施設が多い[22]。

　これらの施設は，観客数や入館者数も平均的に一定数確保できることから，命名権の対象施設としては，売手，買手双方にとって有利な条件を備えている。また，これらの文化施設は，命名権の買手側の企業に

第6章 美術館と命名権

とっても市民サービスの提供，フィランソロピーの実施といった公共利益への貢献をなすのに利用でき，またそのことにより企業のイメージアップを図ることにもつながってくるのである。しかし，一般的には，Ashley & O'Hara（Greg C. Ashley & Michael J. O'Hara）が指摘するように，市民サービスやフィランソロピーなどが命名権の買手にとって取引誘因の一端となることはあるが，しかしそこでも，ビジネスにとっては利潤動機が普遍的な取引誘因である[23]ということは留意する必要があるであろう。

　美術館や博物館の場合は，所蔵する美術品や収集品の数が多いことから，命名の仕方によっては，それらの物品も命名権の買手側が提供しているようなイメージや錯覚を醸成する可能性がある。つまり，命名権の効果が，対象施設だけでなく，施設内の物品やスタッフなどにも及ぶのである。

　命名権の持つこのような一体的効果は，命名権の取得者にとっては一般的には望ましいものと思われる。しかし，状況によっては，このような一体的効果は，公共の美術館が一民間企業によって占拠されているような印象を与え，公衆など第三者からの批判を招くことになりかねない。つまり，美術館への命名権取引の経緯を知らない人々にとっては，美術館に企業名などが冠されていれば，それを企業美術館の1つと誤認してしまうかもしれないのである。

　また，地方自治体が所有する公共施設への命名権を売りに出す場合，公共の美術館のような公共財に対して企業名等を付するのは望ましくないという意見が住民から寄せられることがある。

　あるいは，同一の施設に対して頻繁に名称が変わるようなときには，利用者の便宜や心情を無視しているというような批判が寄せられることもある。

115

地方自治体が所有する美術館などの公的施設の命名権をめぐって地方自治体と公衆の間に争いが生じているのは，このような事情が介在していることが多いのである。命名権の売手，買手双方の取引当事者にとっては，命名権の評価や会計処理の問題が緊要な意味を持つが，取引の実行段階で，命名施設の認識主体である消費者や公衆などから負のリアクションが起こって，命名権取引そのものが中断あるいは破棄されるような状況も生まれているのである。

　このように，命名権の売手側にとっては収入増が図られるというようなプラスの面だけではなく，マイナスの面を招来するという事態も生じうるのである。このプラス面とマイナス面の折り合いをどのようにつけていくかということは，特に地方自治体などの公的組織にとっては非常に難しい問題である。

　命名権の評価には，このように，プラス面だけでなく，マイナス面も微妙に組み合わさる形で影響が及ぶものと考えられる。

　命名権の売手，買手双方の取引当事者は，上述したような状況も予測，勘案して慎重に取り決めに臨む必要があろう。

　また，施設命名権においては，外形上は，建物のような不動産のみを命名権の対象にしているように考えがちである。しかしながら，美術館などに見られるように，施設が所蔵する美術品などの物品の価値が施設自体の不動産価値を上回るような場合もありうる。命名権の持つ一体的効果ということを考えれば，美術館や博物館などの場合は，命名権の評価プロセスには施設が保有する所蔵品の内容や価値が相当程度影響を及ぼすものと考えられる。それゆえ，美術館や博物館などを対象とする命名権の評価は，施設の不動産価値以外の要因が加味される結果，理論的にはかなり複雑なものとなりうるのである。

　それに加えて，これまで見てきたように命名権などの無形資産の各評

価法には一長一短があって，絶対的に優位な方法はない。

　したがって，命名権の売手，買手双方の取引当事者は，それぞれが採用する評価法もしくはそれら各評価法の平均算定法により得られた評価額を基礎資料として，双方が納得する取引価格に収束していくように地道に交渉を重ねていくことになるのである。

◆注────────

1　米国におけるビジネス上の命名権取引の嚆矢は，1926年にWrigleyチューイングガム社が野球のChicago Cubsを買収し，Cubs Park（カブス球場）の名前をWrigley Field（リグレイ球場）に改名した事例であるといわれている。

　　Greg C.Ashley & Michael J.O'Hara, Valuing Naming Rights, *76th Annual Meeting of the Academy of Legal Studies in Business*, 2001, p. 2.

　　日本では，2003年に東京都調布市にある東京スタジアムを味の素スタジアムと命名したのが公共施設における命名権取引の最初であるといわれている。

2　*Ibid.*, pp. 5 - 6.

3　似通った性格を有するこれら三者は，それらがある程度の金額に達するときには，無形資産として取り扱うことが適切な処理であろう。

4　拙稿「会計用語としてののれん概念について」『大阪商業大学論集』8ページ。

5　日本では，命名権の契約期間は短期のものが一般的であるが，京都会館の命名権を52.5億円で取得したローム株式会社のような50年という長期契約のケースもある。使用期間の長さおよび金額の多寡による命名権の会計処理方法の違いについては，次の拙稿を参照されたい。

　　拙稿「命名権の会計」『企業会計』第60巻第7号，2008年7月，95-96ページ。

6 Greg C. Ashley & Michael J. O'Hara, *op.cit.*, p. 7 .

この点については，Skok と Crapster（Skok, J. T. & D. Crapster）も，命名権の取得動機に関して同じような指摘を行っている。

つまり，Skok と Crapster は，企業イメージと商品販売 / 市場マーケティングの双方の役立ちを命名権の取得動機と考え，この役立ちには次のような目的が関連していると述べている（*Ibid.*, p. 8 .）。

・会社コミュニケーション / 公衆関連

・従業員関連

・求人

・消費者関連

・利害関係者関連

・娯楽

・戦略配置

・投資家関連

・広告宣伝

・コミュニティー関連

・その他の関連

7 命名権を広告宣伝ツールの 1 つと考えれば，次のような方法でも相応の宣伝効果を上げることができよう。

たとえば，学習用の教材ソフトやゲームソフトなどに会社名や商品名をコンテンツの一部として組み込むことによって，一定の宣伝効果を上げることができるであろう。つまり，命名権の対象が，教材ソフトやゲームソフトなどの情報商品になるわけである。

このようなソフトの種類や内容によっては，それを見る人々の性別，年齢，学年，嗜好性などをある程度推測することが可能なため，特定の階層をターゲットにした階層別マーケティングを実施することによって自社商品の販売向上につなげることが期待できるであろう。

8 Greg C. Ashley & Michael J. O'Hara, *op.cit.*, p. 5 .

9 *Ibid.*, pp. 5 - 6 .

第6章　美術館と命名権

10　*Ibid.*, p.6.

11　*Ibid.*, p.4.

12　この点については，次の拙著を参照されたい。

山本誠他著『現代商業簿記講義』中央経済社，2005年，14-16ページ。

13　Greg C. Ashley & Michael J. O'Hara, *op.cit.*, p.4.

14　ヴァンシルの言う開発費（development expenses）は，研究開発費（research and development expenses）だけでなく，マーケティング費用（marketing expenses）の一部をも包摂するかなり広い意味で用いられていて，「現在の会計年度の利益に対して賦課されるけれども，それ以降の特定の年度がくるまでは利益増加には寄与しないような支出」と規定されている。

Vancil, R.F., "Better Management of Corporate Development," *Harvard Business Review*, Sept-Oct, 1972. pp.54-55.

15　列挙した（1），（2），（3）の理由は，ヴァンシルの主張に沿って筆者（山本）が要約したものである。

Ibid., p.56.

16　ラッドは，無形資産会計を改善するための方法として，3つのアプローチを提案している。そのうちの1つは，投下原価法とほぼ同様の評価法であるが，この評価法の短所として，ここで述べているような支出額における機能形態別の分割処理の困難性を指摘している。

Dwight R. Ladd., *Contemporary Corporate Accounting and the Public*, Richard D.Irwin, Inc., 1963.

不破貞春・今福愛志共訳『現代会社会計論』同文舘，1970年，159ページ。

17　Eldon S. Hendriksen, *Accounting Theory*, Richard D. Irwin, Inc., 1965, pp.337-338.

水田金一監訳『ヘンドリクセン会計学（下巻）』同文舘，1971年，473-474ページ。

18　会計学の立場は資本剰余金説が通説であるが，税法の立場は利益剰余金説である。

119

19 Dwight R. Ladd., *op.cit.*, p.153.

不破貞春・今福愛志共訳『前掲書』160ページ。

20 ラッドも，外部から買い入れた無形資産の方が，用益潜在力に対する貢献の度合いが確実であることを，次のように述べている。

「もし，無形資産が，会社外部から買い入れられるのならば，それは，会計上認識され，評価される。同じ無形資産が，会社内部で開発される場合には，それは，会計上認識されないし，評価も行われない。

前述したことに対する例外は，普通，法的協約上の無形資産の場合にみられる。たとえば，特許権が会社自身によって開発された製品や製造方法に対して得られたとき，この特許権の取得に関連して生じた法律上，事務上その他の費用が，会社の資産に含まれる特許権の価値として，典型的にとりあげられる。それにもかかわらず，そのような特許権の会計上の評価は，外部から買い入れた同じ特許権の評価とは，完全に違っているのである。というのは，後者の場合に支払われた価格は予想される将来の収益に確実な基礎をおいているからである。」

Dwight R.Ladd., *Ibid.*, p.147.

不破貞春・今福愛志共訳『前掲書』153ページ。

21 虚構のれんについては，次の文献を参照されたい。

久野秀男著『無形資産会計序説』同文舘，1969年，57ページおよび77ページ。

22 バートン（Terry Burton）は，米国においては，アートや文化に関わる組織は，医療研究などのいくつかの分野とともに，命名権の市場としては2桁台の成長が見込まれる分野であると述べている。

Terry Burton, *Naming Rights : Legacy Gifts & Corporate Money,* John Wiley & Sons, Inc., 2008, p.188.

23 Greg C.Ashley & Michael J.O'Hara, *op.cit.*, p.6.

第7章

企業と文化活動

第1節　企業における文化活動の性質

第2節　企業の文化的責任

第3節　文化・芸術活動への対応姿勢

第1節　企業における文化活動の性質

　組織類型と組織の活動類型のマトリクス（matrix）として，田中敬文氏は，**図表7-1**のような図式を想定され，企業組織については営利活動が，非営利組織については非営利活動が，組織活動の中核を構成していると述べられている。そして，企業組織については，営利活動が非営利活動の基盤を形成する前提要件となっていることも指摘されている。そして，図表7-1のB，C，Dの各局面については，これまでわが国では，税制面や制度面の研究はともかくも，理論的な研究が十分に行われてこなかったと述べられている[1]。

図表7-1　組織の活動類型マトリクス

	営利活動	非営利活動
企　　業	A	B
非営利団体	C	D

（出所）E.ジェイムズ & S.ローズエイカーマン共著『非営利団体の経済分析』〈田中
　　　　敬文訳〉，多賀出版，1993（平成5）年，115ページの訳者解説の個所から抜粋

　われわれも，思念的には，田中氏のこのような類型化には概ね賛成であるが，営利活動と非営利活動の類別化については若干の補足的な見解を述べておくことにしたい。

　組織の活動類型として営利活動と非営利活動は思念的には類別可能であるが，現実には，その境界は必ずしも明確ではない。たとえば，企業が行うメセナ活動は，わが国では多くの場合，冠イベント的なものに流されているのが現状であり，企業の営利活動の一端としての広告宣伝活

動とさほど大差がないのが実情である。また，企業が行う冠イベント的でないメセナ活動であっても，それが，長期的には企業イメージの高揚などを通じて企業の収益力や成長力に影響することを考えれば，企業のメセナ活動そのものを非営利活動と判然と規定することができるかという点には若干の疑問の余地が残るのである。

　次に，非営利組織の場合にも，組織の活動を，営利活動と非営利活動に截然と区別できるかというと，かなり疑問である。たとえば，財団法人の美術館が，収集品の一部を値上がりした時点で売却し，その収入をもとに一幅の名画を買い入れたような場合，この一連の取引活動は表面的には営利活動のようにみえるが，実質的には芸術作品の鑑賞を通じてより大きな感動を鑑賞者に提供するという美術館本来の非営利活動を遂行していると考えるのが妥当であろう。したがって，このような取引活動は，形式的にみて営利活動とみなすのか，それともその内実を考慮して非営利活動とみなすのかという問題が生じてくる。

　以上述べてきたことから推察できるように，実際には，営利活動と非営利活動の境界は明確なものではなく，かなり朦朧としたものであるといえよう。この点に留意しつつ，われわれが上記のような図式を思念的に受け入れるのは，そのことにより，企業および非営利団体の行う非営利活動の領域が理念型（Idealtypus）として鮮明化し，分析対象としてその輪郭が明確化すると思料されるからである。

　本章では，このような視座から，企業と文化活動の関わりについて論じることにする。

第2節　企業の文化的責任

　企業の文化的責任（cultural responsibility）[2]という言葉は，広狭二様の意味を有している。

〔狭義〕次の（1）のみを意味する場合。
〔広義〕次の（1）と（2）の双方を含意する場合。

（文化的責任の内容）
（1）　企業は，それを取り巻く諸個人，諸団体に対して文化上の支援を行うという責任。
（2）　企業は，自ら文化を創造し，それを社会に波及させるという責任。

　（1）は，たとえば，企業が，芸術家や文化団体に対し奨励金や助成金を付与するといった場合である。このように，企業がなしえる文化的支援は，金銭的支援に比重がかけられがちである。しかし，場合によっては，芸術活動スペースの提供などの非金銭的支援も大きな作用を果たすものと期待されている。

　（2）は，たとえば，企業が，斬新なデザインを自ら創作，発表することを通じて，モード界をリードしていくといった場合などである。あるいは，企業が，企業美術館や企業博物館を創設して，文化の伝達主体になるといった場合なども該当するであろう。

　ここでは，以下，文化的責任という言葉を広義に解釈し使用する。

企業の文化的責任は，概念的には，企業の社会的責任（social responsibility）[3]に属すると考えてよいであろう。したがって，企業の文化的責任論は，企業の社会的責任論との関わりで論じるのがよいと考えられる。

企業の社会的責任論には，企業における社会的責任の受入れを是とする肯定論と，それを否とする否定論がある。

高田馨氏は，企業の社会的責任論における自発性概念の重要性を指摘し，次のように述べられている。

「経営者ないし企業の社会的責任に関する文献は，周知のように，多数あるが，筆者が理解したかぎりにおいては，自発性（voluntarism）という概念が社会的責任論の中枢的地位をもつようにおもわれる。C. C. ウォールトンが明示しているように社会的責任論には肯定論（positive view）と否定論（negative view）が区別できるが，肯定論の特徴は自発性を肯定し強調するところにあり，否定論の特徴は自発性を否定するところにあるといってよい。社会的責任の本質的特徴は自発性にあるとみられる。……たとえば，環境汚染防止についていえば，経営者が自発的に汚染防止すべしというのが肯定論であり，これに対し，否定論では，経営者が自発的に汚染防止するよりも，むしろ，汚染防止については政府に任せるべきであるとする。この否定論によれば，経営者は政府により強制されることになり，自発性ではなくて，いわば他発性，他律性をもつことになる。」[4]

企業の社会的責任論の基底を企業を統括する経営者の自発性にもとめる上述のような知見は，理念的にはかなりの説得性をもつものと考えられる。ただ，留意すべき点は，企業の場合には組織体の維持，成長を保

証するに足る利潤への動機が企業の基本的存在理由として潜在していることから，社会的責任への経営者の自発性もこのような動機に強く拘束されるものと思料される。したがって，企業の文化的責任を考える場合にも，経営者の個人的な自発性とともに，組織体としての企業の経済的動機をも視野に入れることが必要である。

　文化的責任を上述したように広義に解するということは，社会的責任についての高田氏の最広義解釈を受け入れるということに他ならない。つまり，社会的責任は，経済的責任や非経済的責任といった内容的な責任の他に，企業を取り巻くさまざまな利害関係者に対する経営者の対応責任をも含むものでなければならないのである。

　この場合，問題となるのは，企業が創り出す文化がその受け手にとってどのような意味をもつかということである。

　たとえば，美術品を取り扱う企業が，これから売ろうとする美術品を前宣伝を兼ねて自社の企業美術館で大々的に展観するというような，商売に直結した文化戦略は，はたして企業の文化的責任にふさわしい行動といえるのであろうか。しかし，そのようなことが巧妙に仕組まれた場合には，企業外部の文化の受け手にはそのことを感知することは，はなはだ困難である。一般に流行とかブームとよばれるもののいくばくかは，ビジネス上の巧妙な仕掛けにより計画的に創り出されたものであるといえよう。

　文化的責任という清澄な響きをもつ言葉は，実態面においては，経済的動機から無縁のものではありえないと考えられる。文化的責任という場合，その現実的実行面においては，企業の経済的動機をどの程度まで含むかが問われなければならないのである。理想的には過度の経済的動機は排除すべきものと考えられるが，それを現実の実行面においてどの程度なしうるかは，結局のところ，企業の経営者の良識や企業の政策的

第7章　企業と文化活動

判断に委ねられているのである。

第3節　文化・芸術活動への対応姿勢

　ここでは，企業の文化的責任に属する諸活動の一端としてのメセナや
CA，フィランソロピーといった社会的貢献活動について述べることに
する。

　そこで，まずこれらの用語の意味内容について少し付言しておくこと
にする。

　メセナはmécénat というフランス語であり，文化・芸術への支援活
動のことである。この語の原義は，ローマ帝国のアウグストゥス
(Caesar, Augustus: 63B.C.-A.D.14) 治世下にこのような活動に熱心で
あった政治家マエケナス（Maecenas）［ラテン語読みではマエケナスで
あるが，フランス語読みではメセナス］という名の人物に由来している
といわれている。

　フランスの ADMICAL（商工業メセナ推進協議会），英国の ABSA
（芸術助成企業協議会），米国の BCA（芸術支援企業委員会）などが有
名であるが，わが国でも1990（平成2）年2月に財界主導で社団法人・
企業メセナ協議会が設立され[5]，朝日新聞社，サントリー，ワコール，
セゾングループ，ソニー，資生堂など多くの企業が加盟している[6]。

　また，国家レベルにおいても，文化庁が1990（平成2）年3月に特殊
法人・日本芸術文化振興会を発足させている。この法人の目的は，法人
名に示されているように，日本の芸術，文化への振興，助成であり，そ
の財源は，芸術文化振興基金の運用益によりまかなうことになってい

127

る。振興，助成の対象はきわめて広く，美術，音楽，舞踊，演劇，伝統
芸能，映画のような芸術，芸能の他に，地域の文化施設，地域の文化団
体や町並み保存，民族文化にも及んでいる[7]。

　CA は Corporate Art の略称であり，企業による美術活動のことであ
る。CI（Corporate Identity）をもじって造語されたといわれており，
1970年代後半，米国に生まれた用語である。CA に先鞭をつけたのは
チェース・マンハッタン銀行であり，その後続として，IBM，アルコ，
ペプシコ，モービル，エクイタブル保険，AT&T，フィリップ・モリ
ス，エクソンなどの米国の大企業が積極的に CA 活動を取り入れてき
た[8]。

　CA は，具体的には，各種美術展への協賛とか，企業が収集した美術
品の公開とか，さらに一歩進めて，企業自らが美術館（わが国では，企
業美術館とか冠美術館とよばれている）を設立してこれらの活動を実践
することなどである。わが国においても企業美術館は増加の一途をた
どっているが，有名なところでは，リッカー美術館，サントリー美術
館，出光美術館，ブリヂストン美術館，山種美術館，セゾン美術館，東
郷青児記念　損保ジャパン日本興亜美術館のように，企業名やグループ
名を冠した冠美術館の体裁をとっているのがほとんどである。

　米国では，CA は現代美術への支援が中心であるが[9]，わが国では，
印象派，後期印象派を中心とする伝統的な西欧絵画や日本画への傾斜が
強く，どちらかといえば，ある程度評価が定まったものへの支援傾向が
みられる。

　フィランソロピーは philanthropy という英語であり，語源的には，
ギリシャ語の philan（愛）と anthropos（人類）の合成語に由来してい

るが，現代的文脈においては，個人や企業による文化，福祉，教育への積極的貢献という意味で使用されている。具体的には，文化や福祉，教育領域への寄付行為やボランティア活動であり，内容的には，文化・芸術領域を対象とするメセナよりも広い概念となっている[10]。

フィランソロピーは，内容的には，（1）利益誘導型（cause-related marketing），（2）事業環境の改善型（public relations），（3）啓発された自己利益（enlightened self-interest）の3つのパターンに類別できるといわれている。

具体例としては，自由の女神の修復援助を実施したアメリカン・エクスプレス社（American Express）のカード・キャンペーンは利益誘導型，タバコ関連企業の健康キャンペーンは事業環境の改善型，教育・研究機関への助成や青少年の育成活動などは啓発された自己利益型に対応する[11]。

わが国でも，経済団体連合会（経団連）が，経常利益の1％を毎年社会還元することを目標に1990（平成2）年10月に「1％クラブ」を設立したが，これなどは企業によるフィランソロピーを組織的に具現化したものである。

上述したようなメセナ，CA，フィランソロピーなどの社会的貢献活動に対する企業の対応姿勢は，概念的には，次の3つの類型に分類することができるであろう。

〔1〕法的義務論
〔2〕道義的責任論（狭義の社会的責任論）
〔3〕経営政策論

現実には，企業の対応姿勢はこれら3つの類型に截然と分類できるものではなく，むしろ，これらの類型が交錯し合ったものとなって現れることの方が多いであろう。しかし，そのような交錯した対応姿勢が現実に顕現化するとしても，結果的には，企業はこれらの類型のうちのいずれかに力点を置いた姿勢を示すものと考えられる。その意味で，ここでは，現実に強調される行動類型を抽出し，観念的に上記のような類型化を試みたのである。

　以下，これら3つの行動類型について検討をくわえ，いかなる対応姿勢が，企業の存続，発展にとって最も適合的なものであるかを明らかにしたい。

〔1〕　法的義務論

　法的義務論は，法によって強制されているから，法規定の枠内で社会的責任を遂行しようという対応姿勢である。法が，社会の成員が社会において守るべき最低限の遵守義務を定めたものとすれば，このような対応姿勢は，きわめて受動的，消極的な姿勢といわざるをえない。

　かかる対応姿勢からとられる社会的責任の実施措置は，法の規定枠さえ満たせば十分とされる。したがって，費用をかけずに行うことが必須の要件となり，そのため粗雑な措置しか講じられないことになる。つまり，法的義務論のような対応姿勢で社会的責任を遂行しようとしている企業は，社会的責任遂行のための社会的貢献支出を最初から企業に何ら価値をもたらさない損失的なものと考えているのである。企業のこのような姿勢は，法規定すれすれの基準を満たすことによって社会的貢献支出を極小化し，そのことによって，企業の短期的利益を極大化するのに役立つであろう。しかし，このような姿勢をとることは，企業を取り巻

くさまざまな利害関係者に企業のやる気の無さを感知され，長期的には企業利益の減少をきたすことになると思料される。

　また，法的義務論の場合には，法そのものが時代環境に十分に適応できないという法の立ち遅れによって，企業の社会的責任を十分に規制できない場合も生じうる。このような場合には，法的基準を満たすだけでは，企業は，社会的にはきわめて不十分な基準しか充足していないことになるのである。

〔2〕　道義的責任論（狭義の社会的責任論）

　道義的責任論は，企業は社会の公器もしくは組織的構成員であるがゆえに，社会に対して貢献する責務があるとする見解であり，狭義の社会的責任論と言い換えてもよい。企業市民（corporate citizenship）論なども，この説と同じ系譜に属するものである。

　道義的責任論は，企業活動を企業道徳的な倫理観にもとづいて行うべきことを強調する。つまり，この論は，企業に社会的貢献活動をいざなう誘因を，社会福祉の増進とか芸術活動の高揚などの抽象的，倫理的な企業外的要因にもとめる。換言すれば，経営者の自発的動機から企業が社会的貢献活動に取り組むとしても，それはあくまで企業組織の内的要因を主因とするものではなく，企業の外因要因にいざなわれた結果なのである。しかし，このような点については，次のような問題が伏在している。

　第1に，企業の社会的貢献活動の最高責任者は経営者であるが，この経営者が永続的に企業に留まることはないという点である。つまり，老齢や死亡により，経営者は次の新しい経営者にとって代わられる。したがって，経営者個人が社会的貢献活動に対し道義的責任から対処すべき

ことを提唱しても，次の経営者がその提唱を承継するという保証はない
わけである。つまり，経営者個人の道義感から社会的貢献活動に取り組
むことには，経営者の在職期間という時間的限界がある。

この時間的限界を克服するには，社会的貢献活動に対して，企業自体
が取り組もうとする姿勢が必要となる。そのためには，企業を社会的貢
献活動に取り組むようにいざなう何らかの誘因がなければならない。こ
の誘因を外部からフォーマルな形で企業に付与するのが，寄付金に対す
る課税上の減免措置や行政上の恩典措置といったものである。

他方，このような誘因をインフォーマルな形で企業本来の利益獲得活
動に組み込むような仕方で付与するのは，企業製品を購入する消費者
や，企業に生産要素を提供する生産要素提供者の行動に待たなければな
らない。つまり，企業に対して社会的対抗力が機能することが必要なの
である。

現在においては，企業の社会的貢献活動に対する国民一般の意識がか
なり浸透しているので，企業も社会的貢献活動に対して消極的な取組み
を行っていては，長期的な利益極大化を達成しえないであろうことを認
識しなければならない。このように，企業を社会的貢献活動に対して取
り組むようにいざなう誘因は，企業利益の長期的な極大化という企業本
来の行動誘因にもとめなければならないのである。

また，この長期的利益の極大化行動をつうじて，企業は，株主，債権
者，従業員などの直接的利害関係者に対してもその社会的責任を遂行し
えるのである。

次に，道義的責任論の第2の問題点は，社会的貢献活動に対する経営
者の対応姿勢が環境や時代のムードに流されやすいという点である。こ
の意味で，道義的責任論は，しばしば，社会的貢献活動に対して長期的
視点を欠くことが多い。つまり，マスコミや大衆が大々的に問題を取り

第7章　企業と文化活動

上げたときにだけ道義的責任感が経営者の脳裡をよぎるのであって，問題があまり社会的話題とならなくなったときには，経営者はやる気を喪失しているということが往々にしてあるということである。

　つまり，道義的責任論の場合には，社会的貢献活動に対する対応姿勢はきわめて個人的かつ心理的な色彩の強いものであって，施策が実行に移されたとしても，それが継続的に実行されるかどうかは疑問である。

　以上述べてきたような道義的責任論の欠陥は，つまるところ，企業は究極的には社会的利益極大化ではなく私的利益極大化という行動原則によって拘束される組織体であるという認識を軽視したことから生じているといってよいであろう。企業の社会的公器性は，企業の存続・発展という組織目標を離れては主張されえないものである[12]。

〔3〕　経営政策論

　経営政策論の立場は，長期的利益極大化の観点から，社会的貢献活動を企業の経営行動の一環として取り扱っていこうとする視座に立脚する。つまり，経営政策論においては，社会的貢献活動は企業の長期的利益極大化のための要件と考えられているのである。

　企業の行動原理が，私的所有制のもとでは私的利益極大化原則により支配されていて，しかも，その原則が短期的利益ではなく長期的利益の極大化により最も経済合理的に満たされると考えれば，経営政策論こそが，社会的貢献活動に対するより適切な企業の対応姿勢と考えられるのである。

　上述した三説のうち道義的責任論や経営政策論は社会的貢献支出の拠出を積極的に容認しようとする立場であり，前述した高田馨氏の見解に従うとすれば，これら両説は社会的責任肯定論に位置するわけである。

133

これに対し，法的義務論は社会的貢献支出の拠出に対し受動的，消極的な姿勢をとることから，社会的責任否定論に近い立場に位置するものといえるであろう。

◆注─────

1　E.ジェイムズ & S.ローズエイカーマン共著『非営利団体の経済分析』〈田中敬文訳〉，多賀出版，1993年，115-116ページ。なお，本図における非営利団体とは nonprofit enterprise のことであり，公的機関は含まず，民間の団体が措定されている。

2　文化という言葉はいくつかの意味合いをもつが，一般的には次のような意味で使用されている。

　「人間が自然に手を加えて形成してきた物心両面の成果。衣食住をはじめ科学・技術・学問・芸術・道徳・宗教・政治など生活形成の様式と内容とを含む。文明とほぼ同義に用いられることが多いが，西洋では人間の精神的生活にかかわるものを文化と呼び，技術的発展のニュアンスが強い文明と区別する。」（広辞苑第6版）

　「人間が一定の目的にしたがって自然に働きかけ，生活を充実・発展させること。またその過程で作り出されたもの。ことに学問・芸術・道徳・宗教など精神的方面のものをいう場合が多い。」（広辞林第5版）

　つまり，文化的責任という言葉は，学問・芸術・道徳・宗教などの人間の精神的側面に関わる事柄に対する社会的責任という意味で使用されている。

3　高田馨氏は，社会的責任を次の3種類に分類している。

　（1）　非経済的ないし非金銭的な責任と解する狭義解釈

　（2）　上記（1）の責任に経済的責任を含めた広義解釈

　（3）　上記（2）の広義解釈に社会的責任の対象である環境諸主体を含めた最広義解釈

そして，(1)，(2)，(3)の各責任態様の関連を次のように図示している。

（出所）高田馨著『経営者の社会的責任』千倉書房，1975年，8ページから抜粋

　高田氏は，(3)の最広義解釈をベストと考えられている。また，同氏は，責任（responsibility）の解釈説としてobligation説とability説の2説があることを示し，結論としてobligation説を採る旨を表明されている（高田馨著『前掲書』1-13ページ）。
　われわれも，社会的責任の意味は，上記（3）のような最広義解釈を採用するのがよいと考える。

4　高田馨稿「社会的責任における自発性と協力原理」，高田馨編著『実証分析　企業の環境適応』（所収），中央経済社，1975年，70ページ。
5　企業メセナ協議会は，2011年に社団法人から公益社団法人に改組された。
6　朝日新聞社編『朝日キーワード・1992』朝日新聞社，1991年，37ページ。
7　朝日新聞社編『前掲書』37ページ。
8　朝日新聞社編『前掲書』29ページ。
9　このような現代抽象芸術へのメセナ活動は，米国においては，富豪実業家ソロモン・グッゲンハイム（Guggenheim, Solomon R.: 1861-1949）と彼の姪のペギー・グッゲンハイム（Guggenheim, Peggy: 1898-1979）により先鞭をつけられたといわれている。

清水徹稿「新芸術交差点：芸術庇護者たちの夢」『山陽新聞』（朝刊），1991年8月21日付。

10 現在，米国でみられるようなフィランソロピーの基礎は，アンドリュー・カーネギー（Carnegie, Andrew: 1835-1919）のような篤志家的資本家により築かれたといわれている。

岩渕潤子稿「Ａ・カーネギー：雄弁な篤志家」『日本経済新聞』（Week-end Nikkei），1991年7月6日付。

11 廣井孝稿「米国のフィランソロピー」『朝日ジャーナル』（臨時増刊号）第33巻第7号，1991年2月，61ページ。

12 吉田寛氏は，企業と企業の社会的公器性との関連について次のように述べている。

「制度的企業体の概念は企業の私的所有制という制度的事実を無視して企業の社会的公器性を主張するように利用されてはならない。……すなわち，公共的利益の追求を私企業がその活動の本来の目標として志向するということには制度的に疑問がある。公共的利益の追求に合致しない私的利益の追求は社会的現実の動向からして成り立たないという見通しから私的利益追求を公共的利益の実現に合致する方向に舵取りすることはあるとしてもそれは社会的・公共的利益の実現を本来の企業目標とすることと同じではない。現実の企業経営においては，社会的・公共的利益の実現と私的・資本的利益の追求との間には後者を企業存立の基礎としながら前者との妥協が常にはかられているものとみてよいであろう。」

吉田寛稿「会計責任論雑考」『會計』第108巻第3号，1975年9月，55-56ページ。

第**8**章
芸術活動とメセナ

第1節　文化・芸術活動のパトロネージュ

第2節　メセナ図式

第3節　社会的貢献支出の会計的分析

本章では，企業組織による社会的貢献活動の一環としてのメセナ活動を中心にその会計学的分析を試みることにする[1]。

第1節　文化・芸術活動のパトロネージュ

　文化・芸術活動へのパトロネージュ（patronage）の形態は，**図表8-1**のように示される。

　文化・芸術へのパトロネージュの形としては，伝統的にはⅠのパターンが一般的であった。これに対し，メセナは，概念的には，文化・芸術へのすべてのパトロネージュを包摂するものであるが，語法のニュアンスとしては，ⅡおよびⅣのパトロネージュに力点を置いたものが多いよ

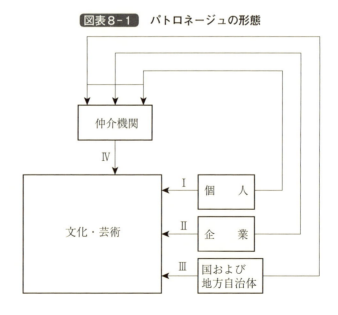

図表8-1　パトロネージュの形態

第8章　芸術活動とメセナ

うである。つまり，個人のパトロネージュよりも，企業や仲介機関を通じての組織的パトロネージュを強調しているのが，メセナという言葉の現代的語法といえるであろう。

〔1〕　個人によるパトロネージュ

　個人のパトロネージュとしては，時の権力者や富裕階級によるものがほとんどといってよいであろう。歴史的にも有名なものとしては，オーストリアのハプスブルク家（Habsburger）やフランスのブルボン家（Bourbons）などの王侯貴族によるもの，レオナルド・ダ・ヴィンチやミケランジェロ，ボッティチェリなどを庇護したことで有名なイタリアのメディチ家（Medici）などの富裕階級によるもの，またわが国の場合には，宮廷とか細川家，前田家などの諸大名によるものなど，拾い上げていけば枚挙にいとまがないほどの数にのぼるであろう。

　筆者も以前，永青文庫所蔵の肥後54万石の大名，細川家のコレクションを観る機会を得たが，そのコレクションを鑑賞しながら，ふと次のような思念を抱いた。

　大名などの権力者による芸術庇護は，たしかに絵画，工芸などの芸術の水準を引き上げるのに大いに資するところがあったと思われるが，はたしてこれらの芸術面のレベル向上は当時の庶民層にどの程度還元されていったのであろうか。長期的にみれば，それらの芸術面のレベル向上はきわめて緩慢に社会に浸透していったと考えられるが，当時の人々が自己の人生を全うできるぐらいの間には，芸術面のレベル向上は庶民層に還元されることはほとんどなかったのではあるまいか。言い換えれば，権力者，大富裕階級により取り込まれた芸術と庶民層により享受された芸術はほとんど平行的もしくは乖離的に存在していて，それらが混

139

済していくには相当の歳月の経過を必要としたのではなかろうかという思いを，目前のコレクションを観ながら抱いたのである。

　もし，筆者のこの思いが少しでも的を射ているとすれば，個人的なパトロネージュを考える場合，この種のパトロネージュが陥りやすい次のような傾向を指摘しなければならないであろう。

　すなわち，個人による芸術作品の隠匿的な取込み行動は，社会への芸術水準の向上的普及を阻害するだけでなく，芸術作品を鑑賞する機会そのものを人々から奪うことにより本来ならば享受すべき芸術的感動までも人々から取り去ることになるという点である。この意味で，メセナ活動の究極には作品の公開ということが位置しているといってよいであろう。メセナ活動によって支援された作家の作品が広く公開されることにより，芸術水準の社会的向上や芸術的感動がもたらされるだけでなく，その作家が現存の作家である場合には，社会の批判を広く仰ぐことにより自己の芸術活動をさらに深化させていく刺激要因ともなりえるのである。

　もちろん，個人的なパトロネージュによる芸術上の諸々の支援は，芸術家の作品創造への財政的基盤を提供したり，散逸しがちな諸作品を一群のコレクションに収束，整理していくというようなさまざまな効用を有している。個人的なパトロネージュには，このような正の側面とここで述べているような負の側面の両面が見出せるのである。

　また，近年においては，米国のソロモン・グッゲンハイム（Guggenheim, Solomon R.）や彼の姪のペギー・グッゲンハイム（Guggenheim, Peggy）による現代抽象芸術へのパトロネージュとかアンドリュー・カーネギー（Carnegie, Andrew）によるもの，またわが国における大原孫三郎，大原総一郎親子によるものなど，個人のパトロネージュの数は非常に大きな広がりを示している[2]。このような動きの中で特徴的なことは，これらの富豪によるパトロネージュにおいては，

第8章　芸術活動とメセナ

幸いなことに，収集された作品群が広く世間に公開されていった点である。

〔2〕　企業によるパトロネージュ

　企業によるパトロネージュ[3]としては，奨学金や助成金などの形での芸術家に対する財政的支援，企業が保有する建造物や各種機材の無償もしくは低額の貸与，企業の主催もしくは協賛による美術展の開催などさまざまな形態のものがある。その中でも，近時，社会の注目を浴びたのが，バブル期を最盛期に一種の流行現象にまでなった企業美術館の創設である。絵画や版画を中心とするバブル期における美術ブームに拍車をかけたのが，企業美術館の林立とそれに伴う美術品の乱獲競争であったことは多くの識者の指摘するところであった。

　企業美術館は，企業の余裕資金を美術品に投じ，それら美術品の展観を通じて人々の美術意識を充足し，高揚化することにその本来の目的があるはずであった。つまり，それは，企業利益の社会的還元を通じて，メセナ活動の主要な一翼を担うことが期待されているものであった。

　しかし，現実には，企業美術館の一部は，投資対象としての美術品の単なる貯蔵庫としての役割を担ったにすぎないという印象が強い。もちろん，美術品は芸術的価値と同時に経済的価値を有するものであるから，その保有は必然的に財物の組織的管理の側面を有するものであることは否めない。しかし，バブル期における美術ブームの時期から現在までの流れをみるにつけ，美術品に対する経済的動機面が芸術的動機面を凌駕して，企業美術館ブームの基底を覆っていたという印象を筆者は強く抱くのである。もちろん，企業美術館が，芸術面においても経済面においても共に有効に機能するのであれば，それは，企業ばかりかわれわれ美術鑑賞者に対しても大きな効用を与えてくれることになるであろう。

以上のような意味において，企業美術館の問題は，企業のパトロネージュの質を考える際の重要な示唆をわれわれに投げかけているといえるであろう。

〔3〕 国および地方自治体によるパトロネージュ

次に，国や地方自治体によるパトロネージュとしては，例えば，国公立美術館の設立，運営などがあげられる。芸術系の国公立大学の創設や芸術系の学部，学科の新増設による芸術家の育成なども，国や地方自治体による間接的な形でのパトロネージュということができるであろう。あるいは，わが国の文化庁とかフランスの文化省などによる各種の文化支援なども代表的な国家的パトロネージュである。

〔4〕 仲介機関を通じてのパトロネージュ

図表8-1におけるⅣのような仲介機関を通じてのパトロネージュ（以下，複合的パトロネージュとよぶ）としては，個人が中核となるもの，企業が中核となるもの，あるいは個人，企業，国および地方自治体などが協力し合う第三セクター的なものなど，さまざまな形態を考えることができる。

たとえば，1990（平成2）年3月に文化庁の主導により発足した特殊法人・日本芸術文化振興会（前身は特殊法人・国立劇場であり，現在は独立行政法人の組織形態となっている）は，国が中核となる複合的パトロネージュである。この法人の財源は，政府支出と企業からの寄付を中心に構成されている芸術文化振興基金[4]の運用益によりまかなわれており，その目的は，法人名に示されているように，日本の文化・芸術への

振興，助成である。初年度（1990年）の助成実績は助成件数446件，助成総額21億2,589万円であったが，発足後6年の間に助成金の合計額がおおよそ153億円に達するまでに成長している。また，2014（平成26）年度の助成件数は686件，助成総額は11億3,300万円と，経済状況を反映してか金額的には減少している。他方，1990（平成2）年2月に経済団体連合会の提唱により創設された公益社団法人・企業メセナ協議会のような団体は，企業を中核とする複合的パトロネージュの一形態である。

　以上，パトロネージュの形態を4種類に類型化して述べてきた。
　歴史的に見るならば，パトロネージュの性格は一様ではない。たとえば，ヨーロッパの専制君主のそれは，現代的意味での芸術理解に基づく公共目的のためのパトロネージュというものとはかなり内容を異にしている[5]。芸術理解に基づくという現代的意味に近い概念としてのパトロネージュの誕生は，高階秀爾氏によれば，芸術家の誕生と表裏のものと解され，その創成期はルネサンスの時代に遡及できるとされている。

　「つまりパトロンの登場は，『芸術家』の誕生と表裏一体のものである。エジプトのピラミッド以来，強大な権力や財力によって優れた芸術的，文化的遺産を生みださせた権力者や支配者は数多く存在したが，ここで言う『パトロン』とは，単に芸術作品の経済的，物質的担い手というだけではなく，芸術家を理解し，作品を評価して，芸術家に支援を与える人びとのことである。そしてそれこそ，イタリアのルネッサンスが，二世紀にわたる歴史を通じて生みだしたものであった。1540年，教皇パウルス三世は，ミケランジェロとピエラントーニオ・チェッキーニを，正式に同業者組合（石工組合）から解放した。そして1571年には，トスカナ公国の支配者であったコジモ・デ・メ

ディチが，すべての芸術家に対して同様の処遇を与えた。このふたつの年代のちょうど中間の時期に，ヴァザーリの『芸術家列伝』が刊行されている。まさしくこの時に，芸術家は職人の状態から解放されて『芸術家』になったのである。」[6]

パトロネージュのあり方を考える際に留意すべきことは，パトロネージュの比重が，個人，企業，国家などの特定のパトロネージュ主体に片寄ることなく，主体間においてある程度のバランスがとれていることが理想的であろう。そうなることにより，芸術や文化は特定の方向に偏向することなく，自由な軌跡を描いて飛翔することが可能となるのである。この意味で，パトロネージュに占める複合的パトロネージュの比重が高度化することが意味を持つのである。

第2節　メセナ図式

次の**図表8-2**は，社会学におけるいわゆる「囚人のディレンマ（prisoner's dilemma）」を企業のメセナ活動と企業イメージとの関係に応用したものである。

メセナ活動をめぐる当該企業とライバル企業との関係パターンは4類型のものが考えられる。たとえば，図表8-2の右上のパターンを例にとれば，当該企業がメセナ活動を行わず，ライバル企業がメセナ活動を実行する場合には，当該企業の企業イメージはかなり損われてその評価はDランクに位置するのに対し，ライバル企業の企業イメージは相対的に高まりその評価はAランクとなるであろう。

この図が意味するところは，当該企業がメセナ活動をしない場合には

図表8-2　メセナと企業イメージ

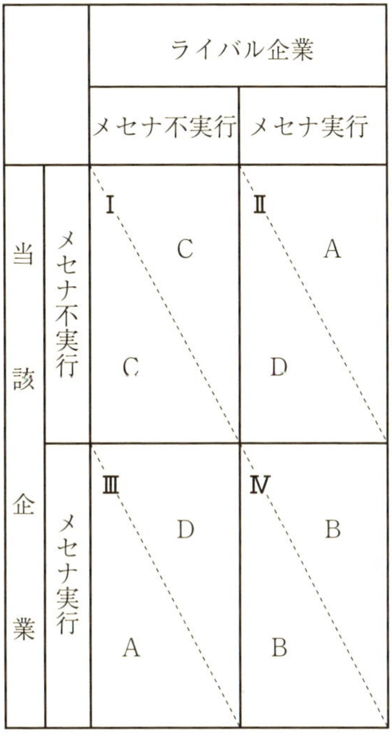

		ライバル企業	
		メセナ不実行	メセナ実行
当該企業	メセナ不実行	Ⅰ　C　C	Ⅱ　A　D
	メセナ実行	Ⅲ　D　A	Ⅳ　B　B

（企業イメージのランク）
A：高　　い
B：やや高い
C：やや低い
D：低　　い

企業イメージはCランクもしくはDランクになるのに対し，メセナ活動をする場合にはAランクもしくはBランクになると推察される点である。

　もちろん，現実には，メセナ活動の規模や当該企業が属する業種の種類などにより，メセナ活動と企業イメージとの関係を本図のように単純に割り切って図式化することはできないかもしれない。また，メセナ活

動自体が，もともと企業利益の社会的還元を企図するものであって，企業イメージの高揚というような政策的意図をもつものでないことを考えれば，メセナ活動に対するこのような取り扱い方は邪道というべきものかもしれない。

　しかしながら，現実には，結果論としていえば，メセナ活動と企業イメージとの間にはかなりの相関性が認められるのである。それゆえ，メセナ活動が，結果論的に企業イメージとの間に正の相関関係を有するものであれば，企業のメセナ活動の意味を明確化するためにも，メセナ活動と企業イメージとの相関性を解明していくことは有用なことと考えられるのである[7]。

　以下では，このような視点から，メセナ活動への支出（以下，メセナ支出とよぶ）と企業イメージとの関係の分析を試みる。

　メセナ活動への企業の支出を一種の開発費支出と考えれば，かかる支出と文化・芸術の社会的水準との関係は，**図表8-3**のような正の相関関係を想定することができるであろう。メセナ支出が増加するにともない，文化・芸術活動は活発化し，次第に社会の文化・芸術水準はレベルアップしていくと考えられるのである[8]。

　また，メセナ支出と企業イメージとの関係を考量すれば，**図表8-4**のような関係を想定することができるであろう。

　メセナ支出が増加するにともない，当該メセナ活動を企業の広告宣伝活動に明示的もしくは黙示的に利用する度合も増大していく。したがって，メセナ支出と広告宣伝活動への利用度との関係は，図表8-4のような正の相関関係となる。

　次に，メセナ支出を広告宣伝活動に利用する度合が高まるにつれて，一般的には，企業イメージも上昇していく。しかし，メセナ支出を広告

第8章　芸術活動とメセナ

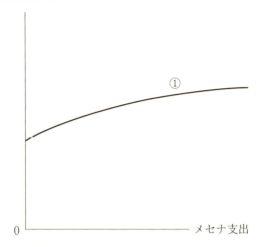

図表8-3　メセナ支出が文化・芸術の社会的水準へ及ぼす影響

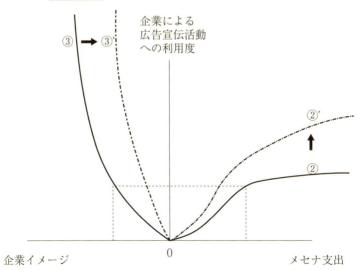

図表8-4　メセナ支出と企業イメージの相関関係

宣伝活動に利用する程度が行き過ぎると，逆に，企業に対する消費者の嫌悪感や反抗心を誘発することになり，長期的には，③曲線を下方へシフトダウン（たとえば，③'曲線のように）させることになるかもしれない。もちろん，曲線のシフトの態様は，業種や業容，企業規模などにより一様ではない。したがって，企業によっては，メセナ支出の広告宣伝活動への利用の行き過ぎが起こっても，③曲線のシフトダウンをほとんど引き起こさないような場合も生じるであろう。

　図表8-3と図表8-4を組み合わせると**図表8-5**が描ける。この図表8-5を俯瞰することにより，次のことが明らかになる。

　メセナ支出の投下による企業イメージの高揚は，その投下の事実を広告宣伝活動により周知させることによってもある程度達成できうるが，かかる場合には消費者の嫌悪感や反抗心を誘発するという反作用が生じる危険性も大きい。これに対し，もう一方の局面（実は，この面こそがメセナ支出を投下することの本来的な目的なのであるが）であるメセナ支出と文化・芸術の社会的水準の象限については，これまで，企業イメージとの関連で力点を置いて論じられることがあまりなかったように思われる。その理由は，1つには，メセナ支出の投下が文化・芸術のレベルアップに及ぼす時間的経過の悠長さからであり，また他の理由としては，メセナ支出の投下による文化・芸術のレベルアップが特定の企業イメージに収束しにくいという文化・芸術の社会的拡散性が指摘できるであろう。

　しかしながら，メセナ活動の本来の目的が文化・芸術の育成と発展にあることを考えれば，企業のイメージアップは，メセナ支出の投下事実そのものにより企図されるべきものではなく，メセナ支出の投下がもたらす果実である文化・芸術のレベルアップという社会的事実により推進されるべきものであろう。たしかに，このような側面から企業イメージ

第8章 芸術活動とメセナ

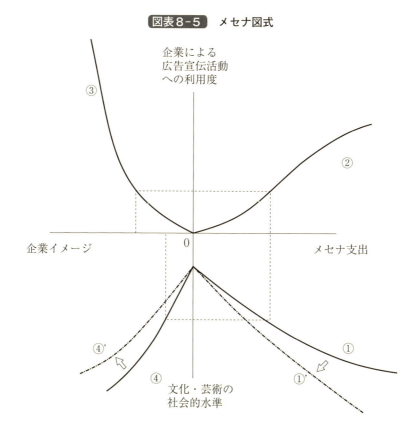

図表8-5 メセナ図式

の向上を意図することは，短期的には効率的ではないかもしれない。しかし，長期的には，このような側面からのアプローチこそが，企業イメージの向上とその持続的維持をもたらす有効な方法と考えられるのである。

　この側面をより有効に機能させる方策は，次の2つが考えられる。

　第1は，①曲線をシフトアップさせる方策である。

　このような方策としては，文化・芸術の担い手の資質や技術の向上もさることながら，文化・芸術の受け手である国民一般の文化・芸術に対

する受容度の向上や鑑賞力の育成などの教育的配慮が必要となる。この意味で，文化・芸術への教育に対する国，地方公共団体およびマスコミの影響は，非常に大きいものがあるといえるであろう。したがって，メセナ活動と文化・芸術の関係は，本質的には，両者のみ個別相関的に機能し合うというようなものではなく，社会的諸力の影響を受ける有機的な相関関係の中で捉えなければならない性格のものである。

第2は，④曲線を④' 曲線の方向へとシフトさせる方策である。

第4象限に位置するこの曲線をたとえば企業イメージ・文化芸術曲線とでも名付けるとすれば，この曲線を矢印で示された方向へと導く誘因としては，次のような点が考えられる。

それは，企業のメセナ活動によって誘発された文化・芸術の社会的水準の高まりを素直に評価して，かかる貢献をした企業に称賛を送る心を国民一般が広くもつことに尽きるといえるのではなかろうか。このような意味での企業理解こそが，企業のメセナ活動を真の文化・芸術の社会的支援に向かわせる最も根源的な誘因になるとわれわれは考えるのである。

メセナのような企業の社会的貢献活動を考える場合，それは，社会における企業の自己実現行為の一端であるということ，換言すれば，CI（corporate identity）を模索する行動の一端であるという視座が必要である。

CI が，社会における企業の存在理由，言い換えれば，社会における企業の自己像を自ら確認することに他ならないとすれば，メセナを含む企業のさまざまな社会的貢献活動は，企業の外的イメージの向上をもたらすことはもちろん，企業内部にあってはそれ以上に，企業構成員のモラールの発揚につながっていく。このことが，長い目でみれば，企業の活性化をもたらし，企業に有形，無形の形でプラスの作用を生み出すのである。

これまで，わが国の多くの企業は，ごく一部の企業を除き，メセナのような社会的貢献活動に対し消極的な姿勢をとってきた。これは，エリクソン[9]流にいえば，日本の社会では，企業が一定の社会的規模や社会的影響力を持つに至るまでの間は，メセナのような社会的貢献活動への企業の社会的かつ文化的責任はかなりの間猶予が認められるモラトリアム（moratorium）の期間と考えられていたように思われる。

しかし，現代社会においては，消費者の企業を見る目は非常に厳しく，企業利益の追求のみに専念し，社会的貢献活動を放擲するような企業は，長期的にはその存続が次第に困難になっていくと考えられる。さらに，視点を変えて言えば，コーポレート・ガヴァナンス（corporate governance）の面からも，企業にとって社会は重要なステークホルダー（stakeholder）の一員であるという認識が，これからはますます必要となっていくのである[10]。

われわれが社会的貢献活動への企業努力と企業イメージの高揚や社会的存在理由との間に正の高い相関関係を措定するのは，大衆の高い徳性と知的資質を想定してのことである。大衆のこの高い徳性と知的資質に裏づけられた企業行動に対する社会的な眼差しこそが，企業に対し社会的貢献活動への参加を促す重要な要因であることをわれわれは銘記しなければならない。

第3節　社会的貢献支出の会計的分析

〔1〕　社会的貢献支出の会計的認識

メセナ支出に見られるような社会的貢献活動への支出（以下，社会的

貢献支出とよぶ）の会計的認識をめぐっては，企業に対していかなる認識像が用意されるのであろうか。

　この問題に対する基本的含意は，社会的貢献支出の会計上の性格認識は，企業の社会的貢献活動に対する対応姿勢と相関関係を有するという点である。そして，その関係は，社会的貢献支出の会計上の性格認識のいかんによって社会的貢献活動に対する企業の対応姿勢が形成されてくるのか，あるいは逆に，社会的貢献活動に対する企業の対応姿勢によって社会的貢献支出の会計的性格が規定されてくるのか，その因果関係は必ずしも判然とはしていないのである。

　道義的責任論の立場からは，企業の社会的貢献支出は，寄付金と同じ性格のもの，あるいは寄付金そのものとして捉えられることになるであろう。これに対し，経営政策論の立場からは，企業の社会的貢献支出は，企業の長期的利益極大化のために必要な支出として捉えられることになる。

　第7章で述べたように，われわれは，経営政策論を企業の対応姿勢として有用とする立場に立脚しているので，以下，経営政策論の視点から社会的貢献支出の会計的性格を考察することにする。

　社会的貢献支出は，原材料支出のように生産過程に投下されて生産物の使用価値形成に機能し，また，それを通じて利益獲得に寄与するような性格の支出ではない。しかしながら，社会的貢献支出は，企業の利益獲得過程に対する即時的役立ちは期待できないが，長期的には利益獲得過程に漸進的貢献をなし，かつ社会経済的にもきわめて大きな効益をもたらす支出である。このような支出を，われわれは，企業の長期的収益力の維持，拡大のために機能する支出と考え，企業ののれん価値の維持，形成のための支出と考えたい[11]。ただし，通常の期間費消的な社会的貢献支出は，会計的には，支出時に販売費および一般管理費として処理するのが妥当であろう。

第8章 芸術活動とメセナ

　もちろん，絵画のような美術品を鑑賞用に購入した場合には，それは有形固定資産として処理されることになる。また，巨額の寄付のような社会的貢献支出は，繰延資産として繰延処理されるべきであろう。そして，その際の繰延資産償却費の会計処理は，通常の期間的な社会的貢献支出と同様に，営業外費用としてよりはむしろ販売費および一般管理費として処理するのが適切であろう。

〔2〕 社会的貢献支出の効果分析

　研究開発費の場合には，次のような定式[12]による効果分析が実行可能であり，また企業内的にも社会的にも有用である。

$$\frac{研究開発費}{有効度率} = \frac{物量で測定した研究開発効果}{研究開発費}$$

$$\frac{研究開発費}{便益率} = \frac{金額で測定した研究開発効果}{研究開発費}$$

　このような定式が有効性を発揮するためには，式の分母，分子の各要素がそれぞれ測定可能であることが要件となる。

　メセナ支出のような社会的貢献支出の場合にも，次のような定式[13]による効果分析が実行可能である。しかし，それが，企業にとって，特に社会的に有用性をもちえるかという点については意見が分かれるであろう。

$$\frac{社会的貢献支出}{有効度率} = \frac{物量で測定した社会的貢献効果}{社会的貢献支出}$$

$$\frac{社会的貢献支出}{便益率} = \frac{金額で測定した社会的貢献効果}{社会的貢献支出}$$

社会的貢献支出をすでに拠出している企業の多くは，社会的貢献支出の社会的有効性の追跡調査の必要性を認めながらも，定量的分析にまでは踏み込まず，漠然とした定性的分析で終わっているのが現況である。そのような状況を顧慮すれば，社会的貢献支出が社会的に有効に利用されているかどうかを追跡調査し，社会的貢献支出の効果的配分を図ることが社会的にもきわめて有益なことと考えられる。そのためにも，企業内的にはもちろんのこと，社会的にも納得のいく社会的貢献支出の有効な管理手法や効果分析手法が開発されることが必要である。

　この意味で，ヴァンシル（Richard F. Vancil）によって提唱された伝統的な開発費管理手法[14]は，上掲の研究開発費に関する定式についていえば，主に分母の研究開発費の支出管理面に焦点を合わせた議論である。

　ヴァンシルは，半世紀近くも前にハーバード・ビジネスレビュー（*Harvard Business Review*）誌上でこの管理手法を提唱したのであるが，この手法は原理的にはメセナ支出のような社会的貢献支出の管理面にも応用可能なものであり，現代においても一定の有用性を発揮すると考えられる。

◆注──────

1　会計をミクロ会計（micro-accounting）とマクロ会計（macro-accounting）に分ける分類に従えば，企業会計や非営利団体会計はミクロ会計の領域に属する会計である。

2　メディチや A. カーネギー，J. P. モーガンなどの歴史的に著名な文化・芸術庇護者のパトロネージュ物語については，次の文献を参照にされたい。
　　岩渕潤子著『大富豪たちの美術館』PHP 研究所，1995年。

3　企業メセナの過去の具体的形態については，次の文献を参照されたい。
　　「特集　企業メセナ：美術界の新パトロネージュ」『にっけいあーと』第

61号，1993年10月，12-25ページ。

4　基金額は，政府出資金541億円，民間出捐金120億円の合計661億円である。

5　このことについて，岩渕潤子氏は次のような例を指摘されている。

　「ヨーロッパの専制君主たちが文芸の保護に熱心だったのは，高貴なイメージとは裏腹に，驚くほど実利的な理由による場合が多い。

　有能な画家や彫刻家を身近に置いていたのは，芸術好きな教皇などを政治的に懐柔する必要が生じた場合，優れた芸術家を派遣し，見事な絵画作品を献上することによって，（キャンヴァスよりも天井や壁などに直接描く技法が主流だったので，作品のみを贈ることは不可能だった）取り入るためであった。また，科学者や医師を優遇したのは，有効な毒消しを発明させて自らの命を守るため，あるいは，門外不出の毒薬を作らせて政敵の命を奪うためであった。」

　岩渕潤子著『前掲書』24ページ。

6　高階秀爾著『芸術のパトロンたち』岩波書店，1997年，8ページ。

7　問題とすべきはメセナ活動の中身である。すなわち，メセナ活動が，本来的には文化・芸術領域への企業利益の社会的還元活動であるということを忘却して，メセナ活動を冠イベント的な広告宣伝活動と捉えるような企業の経営体質にこそメセナ活動をめぐる問題の根源があるといえよう。

8　この場合，留意すべき点は，メセナ支出の無計画的，無秩序的な使途は，かえって文化・芸術活動を社会や自然との共存関係から遊離させてしまうかもしれない危険性が存することである。

　たとえば，美術館や博物館の乱立に伴う自然環境の破壊や交通渋滞などがその一例である。あるいは，街の景観との調和を無視したパブリック・アートと称する彫刻やモニュメントの無秩序的な設置やウォール・ペインティングなどは，それら作品自体の芸術性や個性を損うだけでなく，街の景観や交通などにも悪影響を及ぼしかねないことにわれわれは気付くべきである。

9　エリクソン（Erikson, Erik Homburger）は，1902年ドイツ生れのアメリカの精神分析学者であり，*Childhood and Society* や *Identity and the Life Cycle, Gandhi's Truth* などの著作がある。モラトリアムの原義は支払猶予

のことであるが，エリクソンはこの言葉を psychosocial moratorium（心理・社会的モラトリアム）と応用的に置き換え，青年期の心理を特徴づける意味で使用した。

10　このことに該当する企業モデルの一例としては，水尾順一氏が提言されている「バリュアブル・カンパニー（valuable company）：価値ある企業」をあげることができるであろう。

　このバリュアブル・カンパニーというのは，水尾氏によれば，「①売上・利益，シェアなどの『経済価値』に加えて，②自由闊達な組織風土，社員の自己実現，社員への情報ネットワークの確立など『従業員満足価値』，③顧客満足，社会貢献活動，メセナ活動，地球環境への対応など社会に開かれた企業としての『社会価値』が重要であり，その三つの価値のバランスがとれた企業」であるとされている。

　水尾順一著『化粧品のブランド史：文明開化からグローバルマーケティングへ』中央公論社，1998年，222ページ。

11　この点に関連して，われわれは，福利厚生や公害防止のための支出も，企業ののれん価値の維持，形成のために寄与する支出と位置づけている。

12　西澤 脩著『研究開発費の会計と管理』白桃書房，1980年，345-347ページ。

　なお，研究開発費有効度率定式の分子である「物量で測定した研究開発効果」の議論については，次の文献を参照されたい。

　吉田博文稿「研究開発戦略への新たな視点：『見えざる資産』の形成を目標として」『企業会計』第39巻第2号，1987年2月，64-70ページ。

13　これらの定式は，上掲の研究開発費の定式を筆者（山本）が応用したものである。

14　ヴァンシルの開発費管理手法については，次の文献を参照されたい。
Vancil, R.F., "Better Management of Corporate Development," *Harvard Business Review*, Sept-Oct.1972.

第9章

メセナ支出の会計的管理

第1節　メセナ支出管理のための損益計算書

第2節　メセナ支出管理のマトリクス分析

ここでは，企業が美術館と連携して美術展を共催したり，協賛したり
する場合，あるいは美術館そのものを建設したり，買い取ったりする場
合について述べることにする。

　このようなケースは，一般的には企業メセナの範疇で取り扱われる。
このような支出が企業によりなされるときは，その支出を可能な限り効
率的に管理することが，メセナ支出の有用性を企業的にも，社会的にも
高めることにつながる。

　そこで，このようなメセナ支出の管理に対してヴァンシル（Vancil,
R. F.）の管理手法を適用することは，メセナ支出の企業内的な管理に
役立つだけでなく，メセナ支出の社会的有効性の定量的分析を精緻化す
るのにも資するものと思料される。そこで，ここでは，ヴァンシルのこ
の開発費管理手法[1]をメセナ支出の管理に応用してみることにする。

　なお，本例における会社は，事業部制を採用していて，各事業部はか
なりの経営的自律性を有していると仮定する。

第1節　メセナ支出管理のための損益計算書

　図表9-1の左欄は，会社の現在の損益計算書である。

　これに対し，図表9-1右欄の新規の損益計算書は，現在の損益計算
書からメセナ関連の支出と収益を抽出して示したものである。つまり，
新しい計算書では，収益事業に関連する基本的な事業の数値とメセナ関
連の数値とが截然と区分されている。たとえば，販売費7,000のうち7
はメセナ領域向けのものであり，一般管理費5,000のうち75は同じくメ
セナ領域向けのものであることを示している。したがって，メセナ領域
向けの支出は，販売費の7，一般管理費の75，営業外費用の23の総計105

第9章　メセナ支出の会計的管理

図表9-1　メセナ領域に関する年次計算書

（単位：100万円）

	伝統的な計算書	新しい計算書	
		基本事業領域	メセナ領域
売上高	100,000	100,000	
売上原価			
原材料費	31,000	31,000	
労務費	18,000	18,000	
製造経費	5,000	5,000	
合　計	54,000	54,000	
製造利益	**46,000**	**46,000**	
その他の費用			
販売費	7,000	6,993	7
一般管理費	5,000	4,925	75
合　計	12,000	11,918	82
営業利益	**34,000**	**34,000**	
営業外収益	2,000	1,992	8
営業外費用	1,800	1,777	23
税引前当期純利益	**34,200**	**34,200**	
法人税等	16,000		
当期純利益	**18,200**		

となる。また，営業外収益のうち8は，美術展の入場料収入や絵画など
の貸出料収入である。

　このように，メセナ支出やその関連収入の管理手法としてなすべき手
順の第1は，販売費，一般管理費，営業外費用などの諸費用の中に埋没
しているメセナ支出や営業外収益などの中に埋没しているメセナ関連の
収入を抽出して分離することである。

　ここでは，以下，論述を簡略化するため，メセナ支出の管理面のみに

159

焦点を当てることにする。

第2節　メセナ支出管理のマトリクス分析

　メセナ支出は，社会に向けてさまざまな分野に配分されていく。この場合，メセナ・プロジェクトの数が複数個あるときには，有限額のメセナ支出をそれらの競合する各プロジェクトに割り振らなければならない。このように，プロジェクトの数が多いときには，それらのプロジェクトは概括的なカテゴリーに集約するのが便利である。

　このように，手順の第2は，メセナ支出を，新規分野への支出と既存分野への支出とに分別することである。

　1つの例として，次のようなカテゴリー化を示すことができる。

　メセナ・プロジェクトをその内容によって，新規分野に属するものと，既存分野に属するものに分別する。

　次に，たとえば新規分野を企業美術館，美術品，スタッフの各カテゴリーに，また既存分野を助成金・奨励金，美術展，スタッフの各カテゴリーに分類する。

　この分類に従って，メセナ支出がカテゴリー別に割り振られていく。この場合，同時に，メセナ支出を企業の組織単位別に割り振ることにより，組織単位別のメセナ支出の管理が可能になる。

　図表9-2では，このような考え方に従って，会社の組織単位を，本社レベル（corporate level）と事業部レベル（division level）とに分け，本社が新規分野である企業美術館，美術品，本社スタッフの各カテゴリーを担当し，事業部が既存分野である美術展，助成金・奨励金，事業部スタッフの各カテゴリーを担当するものとする。もちろん，現在の

第9章　メセナ支出の会計的管理

図表9-2　メセナ支出の総合的計画設定と予算編成

〔ある複数のプロジェクトへの適用〕　　　　　　　　　　　　　　（単位：100万円）

メセナ・プロジェクトのタイプ（メセナ支出の使途）	組織単位のタイプ（メセナ支出が調達され使用される場所）						費用合計
	本社レベル			事業部レベル			
	土地・建物の取得・建設と運営	美術品の調達	本社スタッフの人件費管理	美術展などのイベント開催	助成金・奨励金の管理	事業部スタッフの人件費管理	
〔新規事業分野〕 企業美術館 美術品	350 	 280 (200)	22 8 (5)				372 288
プロジェクトＸ		200	5	30		15	250
〔既存事業分野〕 美術展 助成金・奨励金				49 (30) (12)	 75 (50)	23 (2) 5 (2)	72 80
プロジェクトＹ				12	50	4	66
メセナ支出合計	350	280	30	49	75	28	812
予算合計	360	300	30	50	70	25	835

新規分野は次年度からは既存分野に移行することになるので，もし次年度に新規分野の立上げがなければ，その時は現行のままのカテゴリー編成でいくのか，それとも既存分野のカテゴリーの編成替えを行うかを決定しなければならない。

　このように，メセナ・プロジェクトに対するカテゴリー別のメセナ支出の管理と組織単位別のメセナ支出の管理とを交錯させることにより，図表9-2のようなマトリクス（matrix）を描くことができる。

　このマトリクスにおいて，たとえば，プロジェクトＸは新規分野関連の比重が大きいプロジェクトであることを示し，そのプロジェクトに対して250のメセナ関連の支出がなされ，しかもその支出の大半は本社レ

161

ベルからの拠出であることがわかる。

　また，プロジェクトＹは既存分野関連のプロジェクトであることを示し，そのプロジェクトに対して66のメセナ関連の支出がなされ，しかもその支出の全額が事業部レベルからの拠出であることがわかる。

　このように，図表9－2のマトリクスの利用は，メセナ支出の効率的な管理に役立つことになる。ただし，このようなマトリクスの利用に関しては，次のような若干の問題点が付随している。

　たとえば，本社や事業部のスタッフが複数のプロジェクトにまたがって業務を行っている場合に，スタッフの人件費をそれら複数のプロジェクトの数に従って単純平均的に割り振るのがよいのか，あるいは各プロジェクトへの従業時間数に応じて割り振るのがよいのかというような問題が派生してくる。このような場合に，適切な数値計算を求めようとすれば，煩瑣な手続と大きな時間的ロスを伴うことになるであろう。また，そのような割り振りが正確に行えないような場合も生じるかもしれない。このような細かい問題に丹念に対処することによって，マトリクスは有用性を確保しえるのである。

　以上，図表9－1や図表9－2において示してきた視座は，企業内におけるメセナ支出の効率的な管理に役立つだけでなく，財務会計的意義をも持ち合わせている。

　メセナ支出が，複数の費用から構成される複合費（compound expenses）であることを考えれば，いくつかの費目の中に分散して埋没しているメセナ関連の支出を抽出して一括的に集計表示することは，利害関係者へのディスクロージャー上も有用なことと考えられる。また，図表9－1に示したような新しい計算書や図表9－2のようなマトリクスをもとにメセナ報告書（Mécénat Report）を作成して，それを公開することにより，社会的なディスクロージャー性はさらに高められる

ことになるのである。

◆注─────────
1　バンシルの開発費管理手法については，次の文献を参照されたい。
　　Vancil, R.F., *op.cit.*, p.54.
　　拙稿「ブランドの会計的管理について―ブランド形成原価の管理を中心
　に―」『大阪商業大学論集』第101号，1995年，67-76ページ。

❖終　章　今後の課題

第1節　芸術品の経済的価値と芸術的価値の連関について

　われわれは，美術品の経済的価値は，長期的にはその芸術的価値に収斂していくと考える立場に立っている。

　このような立場に対し，次のような経済学上の稀少性原理の視点から，芸術品の経済的価値と芸術的価値との連関に異議を唱える知見がある。

　「すなわち『作品の美的判断は，同時にその作品の価格判断と一致すべきことが要請せられる』という。── わたしは不幸にして，この見解に同意することができない。杉山氏にしたがえば，芸術品の芸術価値と経済価値とは，本来一致並行すべきものである。高い芸術価値は高い経済価値を伴うべきである。その意味において経済価値は，芸術価値の尺度ですらありうべきである。しかるにそうあるべき両者が，現実には，そうありえないのは，『利潤追求の意志が第一義的たる地位を占め，他の一切のものがそれに隷属せしめられ』ている経済機構のためである。といって，両者の関係がまったく切断されてしまったというのではない。『きわめて紆余曲折した現象の平均において，美と価格との正しい比例が見出されることは，歪められたる今日

の現実においてすらあり得ないであろうか。』要するに杉山氏は，ありうるというのである。

　で，一番さきにいうが，芸術価値と経済価値との一般的な並行関係なるものは，むしろ現実において，それに類する徴候がいかに多くとも，本来あるべきものではない。今日，一個千円に値する骨董の或るものは，かって名もなき工人の手によって作られた下手ものだったことを，思いだしてほしい。それは当時の貧しい民衆の日用の具にすぎず，比較的多量に，そしてきわめて安価に，供給されたものに違いない。そうした往古の工芸品が，今日に及んで驚くべき高値を帯びてきたのは，なぜであるか。それはその存在量が，いまでは稀少なものとなったことにもとづく。かりにもし（いつぞやも論じたことであるが），これらの古作品と匹敵する工芸品が，尋常多数の工人によって多量に生産されることになったとしたならば，それがいかに高い美の水準を示すとも，経済的に高い価値を保持するのは不可能なのである。それがいかなる経済機構においてにもせよ，いかに高い社会的見地から見るにもせよ，ある種の骨董品は，その稀少性のために経済的に高く評価され，逆に，いたるところで容易に生産される作品は，いかに審美的に高く評価されるとしたところで，これを経済的に高く評価すべき理由がない。このことが理解されなければならない。要するに，経済価値と美的価値との間には，一般的な並行関係は成りたたない。そうわたしはいっているのである。」[1]

　これは，大熊信行氏がその著『芸術経済学』の中で述べられている見解である。大熊氏は，同書の中で，次のようにも述べられている。

　「経済価値は自然的法則の支配のもとにある。いかに審美的価値の

終章　今後の課題

高いものといえども，その供給になんらの困難をも伴わぬならば，そ
れは経済価値を帯びることはできぬ。思うに深夜の天穹は，もっとも
審美的に価値の高い展望である。ラルフ・ワルド・エマスンほど力づ
よくこれをいいあらわしたものはない。けれどもこの展望の供給に
は，なんらの困難もなく，かつ（幸なるかな！）何者といえども星辰
を独占し，あるいは隠蔽することができぬために，それは経済的に無
価値である。」[2]

　大熊氏の論点を引用したが，そこで氏が論及されているのは，実は，
芸術品の質の問題ではなく，量の問題であることに留意する必要があ
る。
　たしかに，芸術品といえども経済財なのであるから，それは，需要供
給の経済法則の支配を受ける存在である。芸術品の供給が潤沢な場合に
は，芸術品の価格（経済的価値）は，需要水準を一定とすれば，相対的
に低くなる。逆に，供給が僅少な場合には，同様に需要水準を一定とす
れば，価格は高くなる。
　しかし，このような指摘は，単に経済財の一般的な需給法則を述べた
にすぎないのであって，芸術品そのものに対する基本的評価がどこから
生じるのかという問いに対しては，何ら答えを用意してはいないのであ
る。
　ある作品群の供給量がいかに少なくても，それらの作品が芸術的価値
を伴わないようなものであれば，それは路傍の小石と同じく，ほとんど
経済的な評価をうけることはないであろう。作品の経済的価値を規定す
るのは，終局的にはその作品がもつ芸術的価値である。
　芸術品は自由財ではなく経済財であるから，流行や嗜好といった需要
要因との絡みの中で価格体系の変動をうけることになる。しかし，この

ような事象は，芸術品の経済的評価にとっては，あくまで相対的な規定要因であり，絶対的な規定要因ではない。芸術品評価にとっての絶対的な規定要因は，芸術的価値との連関にもとめねばならないであろう。しかも，芸術品は，多くの場合，ハイエク（Friedrich August von Hayek: 1899-1992）[3] 流にいえば，民主財ではなく特権財であるから，芸術的価値が作品の経済的価値を規定する側面はより強烈なものとなる。このような意味で，われわれは，第2章で既述した瀬木慎一氏の次のような知見を受け入れたいと考える。

　「究極においては，芸術的評価と経済的評価は一致することが多いと考えて，作品を選択する方が現実的である，と私は信じている。
　この意味で，美術収集に関する限り，投資家というものは，経済観念のみでは存在しえず，その良き部分は，真剣な美術理解と複合しており，必然的に，かれは美術収集家へと転じるのである。」[4]

第2節　美術活動の推進に向けて

　われわれは，本書の後半部において，企業の社会的貢献活動の一環としての文化活動，美術活動について論及した。そこでは，メセナ，CA，フィランソロピー等の用語が普及している現況をふまえ，それらの意味内容と現在の動向についてふれておいた。これらの用語が，現在，普通名詞として使用されるようになったということは，それらの活動の重要性が社会において認知されたことの証左である。そして，それらの活動の中核に美術活動への支援があることは明白であり，美術と社会の結びつきは，今後，芸術面においても，あるいは経済面において

終章　今後の課題

も，ますますその重要性を深めていくものと考えられる。この意味で，美術活動を含む社会的貢献活動への寄付に対するわが国の税体系は，再考されるべき時期にきているといえるであろう。

　たとえば，わが国では，寄付先が特定された指定寄付金制度が採られている。したがって，この制度のもとでは，指定寄付金以外の寄付は原則的に課税控除の対象とはなりえないことになる。そして，この指定寄付金については，課税上，所定の控除上限額が設定されている。

　これに対し，米国では，課税上の控除が認められる寄付の内容と範囲については弾力的な取扱いがなされており，個人については課税所得の2分の1まで，企業法人については課税所得の10％までが控除上限額として許容されている。寄付金の税額控除は，米国では，寄付者の所得に課される税率で計算される。たとえば，適用課税税率が20％の個人が10,000ドルの寄付をすると，2,000ドル（10,000ドル×20％）の税金が還付されることになる。ただし，このような寄付金の税額控除が認められるためには，内国歳入庁（Internal Revenue Service）から適格団体としての認定を受けている団体への寄付であることが要件となっている。これらの団体には，宗教，慈善，文化，教育等の団体があり，原則的には米国内の団体とされている。

　このように，わが国と米国とでは寄付金の課税上の取扱いにかなりの差があり，このことが，わが国において，メセナ，CA，フィランソロピーなどの社会的貢献活動を推進する際に1つの大きなネックになっていると考えられる。したがって，将来，これらの諸活動を積極的に推進していくためには，課税上の控除が認められる寄付金の内容と範囲を拡大していくという国家的支援が必要と考えられる。

169

◆注————————

1　大熊信行著『芸術経済学』潮出版社，1974年，381-382ページ。

2　大熊信行著『前掲書』198ページ。

3　オーストリアのノーベル経済学賞受賞の経済学者。市場経済の優位性を
　主張した。『隷従への道』などの著作がある。

4　瀬木慎一著『絵画の見方買い方』新潮社，1987年，182ページ。

〔参考文献〕

（1） Greg C.Ashley & Michael J.O'Hara, Valuing Naming Rights, *76th Annual Meeting of the Academy of Legal Studies in Business*, 2001.

（2） Terry Burton, *Naming Rights : Legacy Gifts & Corporate Money*, John Wiley & Sons, lnc., 2008.

（3） Freemantle, B., *The Octopus: Europe in the Grip of Organized Crime (vol.1)*, Orion Books Ltd., 1995.
　　　新庄哲夫訳『ユーロマフィア（上巻）』新潮社，2001年。

（4） William D.Grampp, *Pricing the Priceless*, Basic Books, Inc., 1989.
　　　藤島泰輔訳『名画の経済学：美術市場を支配する経済原理』ダイヤモンド社，1991年。

（5） Eldon S.Hendriksen, *Accounting Theory*, Richard D.Irwin, Inc., 1965.
　　　水田金一監訳『ヘンドリクセン会計学（下巻）』同文舘，1971年。

（6） John Herbert, *Inside Christie's*, A.P.Watt Ltd., 1990.
　　　坂本憲一訳『クリスティーズの内幕：華麗なる美術オークションの世界』早川書房，1995年。

（7） Ellwood, Iain., *The Essential Brand Book over 100 Techniques to Increase Brand Value*, Kogan Page Limited, 2000.

（8） Dwight R.Ladd., *Contemporary Corporate Accounting and the Public*, Richard D.Irwin, Inc., 1963.
　　　不破貞春・今福愛志共訳『現代会社会計論』同文舘，1970年。

（9） G.Bennett Stewart, Ⅲ, *The Quest for Value: The EVA^{TM} Management Guide*, Harper Collins Publishers, Inc., 1991.
　　　（株）日興リサーチセンター河田剛他訳『EVA 創造の経営』東洋経済新報社，1999年。

（10） Vancil, R.F., "Better Management of Corporate Development," *Harvard Business Review*, Sept-Oct, 1972.

（11） 『朝日ジャーナル』〈臨時増刊号〉第33巻第7号，1991年2月。

（12） 朝日新聞社編『朝日キーワード・1992』朝日新聞社，1991年。

(13) 『朝日新聞（朝刊）』1994年3月24日付。

(14) 『朝日新聞（朝刊）』1997年6月22日付。

(15) 池田満寿夫著『美の値段』光文社，1990年。

(16) 伊藤寿朗著『市民のなかの博物館』吉川弘文館，1993年。

(17) 伊東正伸著『アートマネージメント』武蔵野美術大学出版局，2004年。

(18) 岩渕潤子稿「A・カーネギー：雄弁な篤志家」『日本経済新聞』（Weekend Nikkei），1991年7月6日付。

(19) 岩渕潤子著『大富豪たちの美術館』PHP研究所，1995年。

(20) E. ジェイムズ & S. ローズエイカーマン共著『非営利団体の経済分析』田中敬文訳，多賀出版，1993年。

(21) 大岡信著『抽象絵画への招待』岩波書店，1985年。

(22) 大川榮二著『美の経済学』東洋経済新報社，1985年。

(23) 大川榮二著『美術館の窓から』芸術新聞社，1993年。

(24) 大熊信行著『芸術経済学』潮出版社，1974年。

(25) 大宮知信著『スキャンダル戦後美術史』平凡社，2006年。

(26) 岡倉天心著，桶谷秀昭訳『茶の本』講談社，1994年。

(27) 岡本太郎著『今日の芸術』光文社，1999年。

(28) 川野洋著『芸術情報の理論』新曜社，1979年。

(29) 企業会計基準委員会『無形資産に関する検討経過の取りまとめ』2013年。

(30) 北原一身監修，金剛寺明著『流通のしくみ』日本実業出版社，1990年。

(31) 木下直之著『芸術の生まれる場』東信堂，2009年。

(32) 木下直之著『美術という見世物：油絵茶屋の時代』講談社，2010年。

(33) 熊倉純子稿「芸術の社会基盤と『アウト・リーチ』活動」『日経アート』第88号，1996年1月。

(34) 小山登美夫著『現代アートビジネス』アスキー・メディアワークス，2008年。

(35) 清水徹稿「新芸術交差点：芸術庇護者たちの夢」『山陽新聞（朝刊)』1991年8月21日付。

(36) 『週刊美術館 フェルメール』通巻第8号，小学館，2000年3月。

(37) 関楠生著『ヒトラーと退廃芸術：退廃芸術展と大ドイツ芸術展』河出書

房新社，1992年。

(38)　瀬木慎一著『絵画の見方買い方』新潮社，1987年。

(39)　瀬木慎一著『日本美術事件簿』二玄社，2001年。

(40)　高階秀爾著『西欧芸術の精神』青土社，1993年。

(41)　高階秀爾著『芸術のパトロンたち』岩波書店，1997年。

(42)　高田馨著『経営者の社会的責任』千倉書房，1975年。

(43)　高田馨稿「社会的責任における自発性と協力原理」，高田馨編著『実証分析：企業の環境適応』（所収），中央経済社，1975年。

(44)　高橋明也『美術館の舞台裏：魅せる展覧会を作るには』筑摩書店，2015年。

(45)　ダニエル・ベル著，林雄二郎訳『資本主義の文化的矛盾（上巻）』講談社，1994年。

(46)　辻幸恵・梅村修共著『アート・マーケティング』白桃書房，2008年。

(47)　「特集 元祖・サザビーズと本家・クリスティーズ オークション華麗史」『芸術新潮』第41巻第12号，1990年12月。

(48)　「特集 平成贋作事情」『にっけいあーと』第31号，1991年4月。

(49)　「特集 贋作戦後美術史」『芸術新潮』第42巻第11号，1991年11月。

(50)　「特集 企業メセナ：美術界の新パトロネージュ」『にっけいあーと』第61号，1993年10月。

(51)　トマス・ホーヴィング著，雨沢泰訳『にせもの美術史』朝日新聞社，2002年。

(52)　西澤脩著『研究開発費の会計と管理』白桃書房，1980年。

(53)　西野嘉章著『モバイルミュージアム　行動する博物館』平凡社，2012年。

(54)　林容子著『進化するアートマネージメント』レイライン，2004年。

(55)　「万国贋作博覧会」『芸術新潮』第41巻第7号，1990年7月。

(56)　久野秀男著『無形資産会計序説』同文舘，1969年。

(57)　廣井孝稿「米国のフィランソロピー」『朝日ジャーナル』〈臨時増刊号〉第33巻第7号，1991年2月。

(58)　藤井一雄著『国際絵画市場：流転する名画』講談社，1988年。

(59)　水尾順一著『化粧品のブランド史：文明開化からグローバルマーケティングへ』中央公論社，1998年。

(60)　溝口敦著『消えた名画：「ダ・ヴィンチ習作」疑惑を追う』講談社，1993年。

(61)　文部科学省「博物館への入館者総数の推移：（出典）社会教育調査」http://www.mext.go.jp/a_menu/01_l/08052911/1313126.htm（2015.8.18.）

(62)　文部科学省「博物館への1館あたり入館者数の推移：（出典）社会教育調査」http://www.mext.go.jp/a_menu/01_l/08052911/1313126.htm（2015.8.18.）

(63)　吉田寛稿「会計責任論雑考」『會計』第108巻第3号，1975年9月。

(64)　吉田博文稿「研究開発戦略への新たな視点：『見えざる資産』の形成を目標として」『企業会計』第39巻第2号，1987年2月。

(65)　吉積健著『メディア時代の芸術』勁草書房，1992年。

(66)　拙稿「美術の会計」『大阪商業大学産業経営研究所紀要』創刊号，1992年1月。

(67)　拙稿「ブランドの会計的管理について：ブランド形成原価の管理を中心に」『大阪商業大学論集』第101号，1995年1月。

(68)　拙稿「メセナ会計のフレームワーク」『大阪商業大学論集』第112・第113合併号，1999年2月。

(69)　拙稿「命名権の会計」『企業会計』第60巻第7号，2008年7月。

(70)　拙稿「会計用語としてののれん概念について」『大阪商業大学論集』第12巻第1号，2016年6月。

(71)　山本誠他著『現代商業簿記講義』中央経済社，2005年。

(72)　図表5-3「美術館 収入額（総額，平均値，中央値）運営形態別」2012（平成24）年度 SUAC 芸術経営統計

(73)　図表5-4「美術館 支出額（総額，平均値，中央値）運営形態別」2012（平成24）年度 SUAC 芸術経営統計

(74)　図表5-5「美術館 設置者の所管先」2012（平成24）年度 SUAC 芸術経営統計

(75)　図表5-6「美術館 女性職員数（総数）職種別 雇用形態別」2012（平成24）年度 SUAC 芸術経営統計

(76)　第5章　注記挿入図表「美術館 開設年」2012（平成24）年度 SUAC 芸術経営統計

索　引

■ 欧文 ■

CA ·· 128
CI ·· 1

■ あ行 ■

アート ·· 3
アート・マーケティング ··············· 2
アート・マネジメント ··················· 2
アトリビューション ··················· 36
一体的効果 ································ 115
オークション ····························· 14
オークションの仕組み ··············· 15

■ か行 ■

画商 ··· 8, 9
画廊 ··· 8
鑑定 ······································ 32, 35
鑑定評価 ··································· 32
企業美術館 ································ 78
虚構のれん ······························ 112
経営政策論 ································ 133
経済的価値 ························· 24, 165
芸術性（芸術的価値）の判定
  ···································· 32, 38
芸術的価値 ···················· 24, 38, 165

減価償却資産 ···························· 46
現行評価法 ······························ 105
コスト評価法 ···························· 94
固定資産税 ································ 53

■ さ行 ■

社会的貢献支出 ························ 152
社会的責任 ······························ 125
譲渡所得 ··································· 49
所得税 ······································ 48
真贋判定 ································ 32, 35
相続税 ······································ 51

■ た行 ■

投下原価法 ································ 94
道義的責任論（狭義の社会的責任
  論） ·································· 131

■ は行 ■

パトロネージュ ············ 25, 27, 138
美術館 ······································ 66
美術市場 ··································· 10
美術品の評価 ···························· 32
美術品の流通経路 ······················ 6
ファインアート ··························· 3
フィランソロピー ···················· 128

175

不正取引·····················55
文化的責任·················124
法人税·····················48
法的義務論·················130

■ ま行 ■

マーケット評価法·············101
マトリクス分析··············160
無形資産···················90

命名権·····················84
命名権の会計処理·············85
メセナ·····················127
メセナ支出·················158
メセナ図式·················149

■ ら行 ■

利益評価法·················100

《著者紹介》

山本　誠（やまもと　まこと）

同志社大学経済学部卒業
早稲田大学大学院商学研究科博士後期課程修了
現在　大阪商業大学総合経営学部教授
《著書》『情報社会の会計課題』〔編著〕（中央経済社，2007年）
　　　　『商業簿記のエッセンス』〔共著〕（中央経済社，2011年）
　　　　『レクチャー財務会計（第2版)』〔単著〕（中央経済社，2015年)，他

美術の会計

2017年10月30日　第1版第1刷発行

著　者　山　　本　　　　　誠
発行者　山　　本　　　　　継
発行所　㈱中央経済社
発売元　㈱中央経済グループ
　　　　パブリッシング

〒101-0051　東京都千代田区神田神保町1-31-2
電話　03 (3293) 3371 (編集代表)
03 (3293) 3381 (営業代表)
http://www.chuokeizai.co.jp/
印刷／文唱堂印刷㈱
製本／誠　製　本㈱

© 2017
Printed in Japan

＊頁の「欠落」や「順序違い」などがありましたらお取り替えいた
しますので発売元までご送付ください。（送料小社負担）
ISBN978-4-502-24391-2　C3034

JCOPY 〈出版者著作権管理機構委託出版物〉本書を無断で複写複製（コピー）することは，
著作権法上の例外を除き，禁じられています。本書をコピーされる場合は事前に出版者著作権
管理機構（JCOPY）の許諾を受けてください。
JCOPY 〈http://www.jcopy.or.jp　eメール：info@jcopy.or.jp　電話：03-3513-6969〉

会計と会計学の到達点を理論的に総括し、
現時点での成果を将来に引き継ぐ

体系現代会計学 全12巻

■総編集者■

斎藤静樹(主幹)・安藤英義・伊藤邦雄・大塚宗春

北村敬子・谷　武幸・平松一夫

■各巻書名および責任編集者■

第 1 巻	企業会計の基礎概念	斎藤静樹・徳賀芳弘
第 2 巻	企業会計の計算構造	北村敬子・新田忠誓・柴　健次
第 3 巻	会計情報の有用性	伊藤邦雄・桜井久勝
第 4 巻	会計基準のコンバージェンス	平松一夫・辻山栄子
第 5 巻	企業会計と法制度	安藤英義・古賀智敏・田中建二
第 6 巻	財務報告のフロンティア	広瀬義州・藤井秀樹
第 7 巻	会計監査と企業統治	千代田邦夫・鳥羽至英
第 8 巻	会計と会計学の歴史	千葉準一・中野常男
第 9 巻	政府と非営利組織の会計	大塚宗春・黒川行治
第10巻	業績管理会計	谷　武幸・小林啓孝・小倉　昇
第11巻	戦略管理会計	淺田孝幸・伊藤嘉博
第12巻	日本企業の管理会計システム	廣本敏郎・加登　豊・岡野　浩

中央経済社